REDUZE-ME AO *Amor*

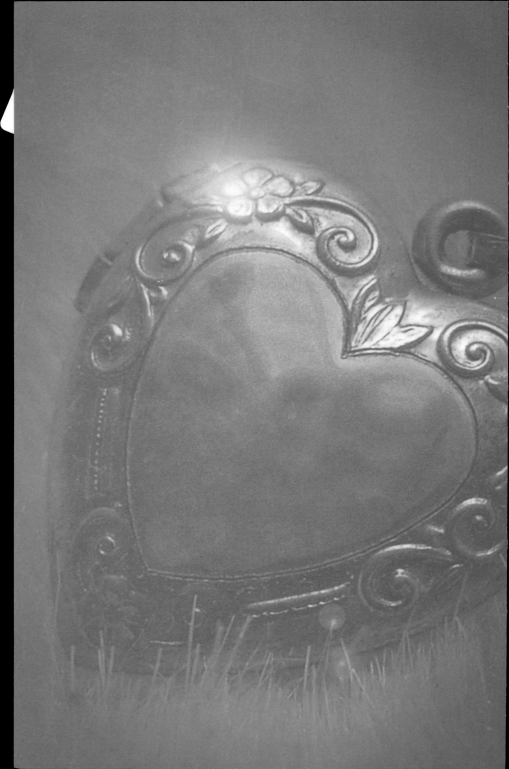

JOYCE MEYER

REDUZE-ME AO Amor

EDITORA
Atos

Meyer, Joyce
    Reduze-me ao amor / Joyce Meyer; [tradução: Serlene Passos].
Belo Horizonte: Editora Atos, 2004.

    Título original: Reduce me to love: unlocking the secret to lasting joy.
    ISBN 85-7607-049-9

          1. Alegria – aspectos religiosos – cristianismo 2. Amor – aspectos
religiosos – cristianismo 3. Amor – ensino bíblico I. Título.

04-7771   CDD-241.4
              Índices para catálogo sistemático:
                1. Amor: teologia moral: cristianismo   241.4

Traduzido do original em inglês
Reduce me to love
Copyright © 2000 por Joyce Meyer
Todos os direitos reservados

Tradução
Serlene Passos

Revisão
Rita Leite

Capa
Julio Carvalho

Primeira edição – Dezembro de 2004
Reimpressão – Janeiro de 2006

**Publicado com a devida autorização e com todos os direitos
reservados pela EDITORA ATOS LTDA.**

Caixa Postal 402
30161-970   Belo Horizonte   MG
Telefone: (11) 3312-3330
www.editoraatos.com.br

ÍNDICE

INTRODUÇÃO

Amar e ser amado é o que faz valer a pena viver. Muitos já vivenciaram momentos nos quais sentiram que não eram amados, ou que não tinham ninguém a quem amar. Se eles persistirem com esse tipo de pensamento, poderão tornar-se extremamente infelizes ou deprimidos. Alguns têm até mesmo chegado a cometer suicídio como resultado dessas emoções negativas.

O amor é a força da vida. É ele que motiva as pessoas a se levantarem a cada dia e a continuarem a caminhada.

O amor dá propósito e significado à vida. O mundo está procurando amor, mas, na verdade, o que ele busca é a Deus, porque Deus é amor.

As pessoas procuram por realização na vida de diversas maneiras que, à primeira vista, podem parecer boas. Freqüentemente, porém, tornam-se frustradas, desapontadas e vazias. Somente quando se anda em amor (colocando o amor em ação ao aproximar-se dos outros e esforçando-se para mostrar amor através de vários atos de bondade) é que elas encontram a verdadeira realização que procuram tão desesperadamente.

Se você quer de fato andar em amor, eu gostaria de compartilhar com você o que tenho aprendido sobre o amor nos últimos doze anos. Ainda estou aprendendo e sei que sempre estarei. Mas sou grata a Deus pela revelação que Ele me tem dado sobre o amor. Isso tem, de fato, transformado a minha vida e estou convencida de que transformará a sua também – *se* você estiver disposto a dizer: "Senhor, elimina da minha vida o que esteja me detendo ou me impedindo de caminhar em amor e de encontrar a verdadeira realização em minha vida". Em outras palavras: "Senhor, reduze-me ao amor (leva-me ao estado ou condição de andar completamente em amor)".[1]

O MAIOR DESTES É O AMOR

*"Entretanto, procurai, com zelo, os [maiores e] melhores dons
[e graças] [os maiores dons e as graças preferidas]. E eu passo a
mostrar-vos ainda um caminho sobremodo excelente [um que é
muitíssimo melhor e o mais excelente de todos – o amor]."*

1 Co 12.31

Qual é o lugar do amor em sua lista de prioridades? Jesus disse:
"Novo mandamento vos dou: que vos ameis uns aos outros; assim como eu vos amei" (Jo 13.34). Parece-me que Jesus
estava dizendo que o amor deve ser o nosso principal interesse.

O apóstolo Paulo declarou que "permanecem a fé, a esperança e
o amor, estes três; porém o maior destes é o amor" (1 Co 13.13).

O amor deve ser o número um em nossa lista de prioridades
espirituais. Temos de estudar o amor, orar a respeito dele e, através
da prática de nos amar uns aos outros, desenvolver o fruto do amor
(que, de acordo com Gálatas 5.22,23, é um fruto do Espírito à
disposição daqueles em quem o Espírito Santo vive).

Deus é amor; então, quando andamos em seu amor, permanece-
mos nele. E, se andamos no amor de Deus ao recebê-lo e expressá-
lo, não devemos nos enganar, achando que podemos amar a Deus
enquanto odiamos outras pessoas. (Ver 1 João 4.20.)

O amor é a coisa mais importante do mundo. Nele, podemos alicerçar nossa existência. Devemos procurar praticá-lo com excelência.

Nós buscamos muitas coisas no curso da nossa vida. Esperamos encontrar realização em cada uma delas, mas, na maioria das vezes, não atingimos nosso objetivo. Quando colocamos nosso tempo e nossa energia em coisas que não satisfazem, sentimo-nos frustrados.

Foi preciso cerca de quarenta e cinco anos para que eu percebesse que minhas prioridades eram confusas e que eu não estava fazendo do amor o principal interesse da minha vida. Não era minha prioridade número um. O compromisso de aprender como andar em amor foi a melhor decisão que tomei como cristã.

O amor não apenas abençoa os outros; ele também abençoa aquele que o pratica. Concentrar-me em ser uma bênção para os outros trouxe-me alegria. Agir assim é estimulante e me desafia.

Todos nós devemos nos tornar aprendizes do amor; precisamos orar para que Deus nos *reduza ao amor*.

A FÉ ATUA ATRAVÉS DO AMOR

"Porque, [se estamos] em Cristo Jesus, nem a circuncisão, nem a incircuncisão têm valor algum, mas a fé que atua pelo amor [é ativada e energizada e expressa através do amor]" (Gl 5.6).

Geralmente, aprendemos que a fé é o ápice das virtudes cristãs. Nós a estudamos, tentamos exercitá-la, pregamos sermões e escrevemos livros sobre ela e nos encorajamos uns aos outros a respeito dela o tempo todo.

A fé é vital; sem ela não podemos agradar a Deus (Hb 11.6). A fé não é o valor que compra as bênçãos de Deus, mas sim a mão que as recebe. "Pela graça, mediante a fé" é como as bênçãos de nosso Senhor e Salvador vêm aos filhos de Deus (Ef 2.8).

A fé é muito importante. E mesmo assim, de acordo com 1 Coríntios 13.2, se tivermos fé suficiente para mover montanhas e não tivermos amor, nada seremos.

Em Gálatas 5.6, lemos que a fé atua (é impulsionada) pelo amor. Conhecer o amor de Deus por nós como indivíduos e permitir que o seu amor flua através de nós aos outros é o poder por trás da fé. Só podemos depositar fé em Deus se estivermos seguros de que Ele nos ama. Como podemos pedir a Deus para nos ajudar e ter certeza de que Ele nos atenderá se estamos maltratando os outros? Nossa caminhada pessoal em amor nos dá confiança diante de Deus e nos capacita a receber dele o que pedimos em oração (1 Jo 3.18-23).

O amor é, também, uma característica peculiar dos discípulos de Cristo (Jo 13.35).

DEIXE SUA LUZ BRILHAR

"Nisto conhecerão todos [os homens] que sois meus discípulos: se tiverdes amor uns aos outros [se continuardes a mostrar amor entre vós]" (Jo 13.35).

Precisamos mostrar Jesus ao mundo. E fazemos isso andando em seu amor – o amor do Pai que foi primeiramente revelado e expressado em seu Filho Jesus e agora é manifesto em nós: "Assim brilhe também a vossa luz diante dos homens, para que vejam as vossas boas obras [vossa excelência moral e vossas boas obras dignas de louvor e nobres] e [reconheçam e honrem e louvem e] glorifiquem a vosso Pai que está nos céus" (Mt 5.16).

O próprio Jesus ensinou sobre o amor e andou em amor. Ele disse: "Quem me vê a mim vê o Pai" (Jo 14.9). O mundo está procurando algo real e tangível. Ele está procurando por amor, e Deus é amor (1 Jo 4.8).

Muitas pessoas vão à igreja à procura de Deus, e são recebidas com as regras e os regulamentos da religião. Depois de encontrar alguns cristãos que "falam a fala", mas não "caminham o Caminho", elas vão embora sem encontrar Deus. A experiência que muitas pessoas têm vivido com igrejas e cristãos, em vez de atraí-las, as tem afastado.

Os campos "já branquejam para a ceifa" (Jo 4.35), e o Senhor precisa de trabalhadores (Lc 10.2). Ele necessita de cristãos que estejam comprometidos em desenvolver o caráter de Jesus Cristo na própria vida. De acordo com 2 Coríntios 5.20, eu e você somos embaixadores de Cristo – seus representantes pessoais. O Senhor está fazendo seu apelo ao mundo através de nós.

Como citado anteriormente, Jesus disse que é através do amor que todos os homens conhecerão quem são seus discípulos:

"Novo mandamento vos dou: que vos ameis uns aos outros; assim como eu vos amei, que também vos ameis uns aos outros. Nisto conhecerão todos [os homens] que sois meus discípulos: se tiverdes amor uns aos outros [se continuardes a mostrar amor entre vós]" (Jo 13.34,35).

O amor é a marca registrada (sinal ou característica distintiva)[1] do cristão. Quando compramos algum produto, gostamos de verificar a qualidade dele. Quando fazemos compras, lemos as etiquetas, procurando determinadas marcas que têm a reputação de serem boas. E é isso que as pessoas deveriam poder fazer conosco, como discípulos de Cristo. Elas deveriam ser capazes de nos identificar não apenas pelo nosso falar, mas também pelo nosso andar.

Quero que as pessoas me vejam como alguém que as ama. Desejo torná-las sedentas (ter um forte desejo)[2] do Senhor. Quero ser uma luz nas suas trevas.

Houve um tempo em que eu queria ser conhecida como uma ministra poderosa, uma pessoa popular e bem-sucedida. Finalmente, cheguei à constatação de que o amor é o verdadeiro poder e sucesso.

MUDANDO O FOCO

"E também faço esta oração: que o vosso amor aumente mais e mais [e se expanda] em pleno conhecimento [até seu pleno desenvolvimento em conhecimento] e toda a percepção [para que vosso amor possa se mostrar em maior profundidade de entendimento e mais abrangente discernimento]. Para [que possais aprender a discernir o que é vital e] aprovardes [e apreciardes] as coisas excelentes [e de real valor]..." (Fp 1.9,10).

Você precisa reajustar suas prioridades ou mudar seu foco de atenção?

Em Filipenses 1.9,10, Paulo orou para que a igreja em Filipos abundasse em amor, e que seu amor se mostrasse de uma forma mais notável. Ele orou para que eles aprendessem a escolher o que era excelente e de real valor. Em 1 Coríntios 12.31, ele afirmou que o amor é o caminho mais excelente.

Paulo estava orando para que esses crentes dessem ênfase ao amor. Só teremos poder e seremos vitoriosos quando amarmos as pessoas.

Você quer se tornar um aprendiz da caminhada do amor? Se a resposta é sim, você precisa saber que isso requer estudo e compromisso.

Precisamos substituir nossos pensamentos em relação ao que o amor é na realidade. Não é um sentimento, mas uma decisão que tomamos – uma decisão de tratar as pessoas da maneira que Jesus as trataria.

Quando fazemos um compromisso real de andar em amor, isso geralmente causa uma imensa mudança em nosso estilo de vida. Muitas das nossas atitudes – pensamentos, conversa e hábitos – têm de mudar. Nós podemos, por exemplo, estar acostumados a gastar todo o nosso dinheiro extra conosco; e, então, descobrimos que andar em amor requer que o gastemos com os outros.

O amor é palpável; não é apenas um sentimento emocional, uma coisa espiritual que não pode ser tocada. É evidente a todos que entram em contato com ele.

Caminhar em amor não é fácil e exige sacrifício pessoal. Toda vez que escolhermos amar alguém, isso nos custará algo – tempo, dinheiro ou esforço. É por isso que a Bíblia diz que temos de avaliar o custo antes de fazermos qualquer compromisso (Lc 14.25-33).

PERSIGA E BUSQUE O AMOR

"[Avidamente] esforcem-se [persiga e busque] para ter [este] amor; [fazei disso vosso objetivo, vossa grande busca]..." (1 Co 14.1).

Desenvolver um andar em amor, semelhante ao que Jesus mostrou, é como garimpar ouro. O verdadeiro amor, semelhante ao de Cristo, não é encontrado na superfície da vida. Não é apenas para ser visto e apanhado. A Bíblia nos diz que devemos *persegui-lo* e *buscá-lo* avidamente. Essas palavras são muito fortes.

A palavra *perseguir* significa "seguir, ir ao encalço de, procurar adquirir".[3] A palavra *buscar* significa "tratar de descobrir, de encontrar; procurar".[4] *Em outras palavras, precisamos correr atrás do amor com todas as nossas forças e agir como se não pudéssemos viver sem ele!*

Há graus de desejo. Nós queremos muitas coisas. Contudo existem poucas coisas na vida que queremos tanto a ponto de nos sacrificar por elas.

Se eu e você quisermos aprender sobre o amor, teremos de estudá-lo. Teremos de ler livros e ouvir fitas de aulas sobre ele. Precisaremos nos familiarizar com tudo o que Jesus e os apóstolos disseram sobre ele.

Se você quiser saber sobre o amor, tente encontrar alguém que age em amor e estude esse indivíduo. Observe como ele lida com as pessoas e com as situações difíceis ou tensas. Note como ele dá. Examine o fruto em sua vida.

Todos nós devemos não apenas aprender sobre o amor, mas também buscá-lo, persegui-lo e adquiri-lo, porque a Palavra de Deus nos diz claramente que, sem amor, nada somos.

O MAIOR DESTES É O AMOR

"Ainda que eu fale [possa falar] as línguas dos homens e [até mesmo] dos anjos, se não tiver amor [essa devoção racional, intencional e espiritual, tal como é inspirada pelo amor de Deus por nós e em nós], serei como o bronze que soa ou como o címbalo que retine. Ainda que eu tenha o dom de profetizar [o dom de interpretar a vontade e propósito divinos] e conheça todos os mistérios [todas as verdades secretas] e toda a ciência; ainda que eu tenha tamanha fé [suficiente], a ponto de transportar montes, se não tiver amor, nada serei [um inútil ninguém].

E ainda que eu distribua todos os meus bens entre os pobres [para suprir-lhes com alimento] e ainda que entregue o meu próprio corpo para ser queimado [ou para que eu possa me gloriar], se não tiver amor [o amor de Deus em mim], nada disso me aproveitará" (1 Co 13.1-3).

Essa é uma linguagem poderosa e, confiantemente, ela nos despertará!

Há muitas pessoas que se consideram superiores devido ao que conseguiram na vida. Contudo, de acordo com a Palavra de Deus, elas são nada, a menos que o amor tenha sido uma prioridade em suas vidas.

Uma garotinha que amava Jesus queria expressar o seu amor por Ele. Então, conversou com sua mãe a esse respeito. A menina disse que, como sabia que Jesus vivia em seu coração, queria saber se ela escrevesse "Eu te amo" em um pedaço de papel e o comesse, Jesus o veria.

Claro, a maneira pela qual Jesus vê o quanto o amamos é através de nossa obediência. Ele ordenou que amássemos uns aos outros. Se não estamos fazendo isso, então não estamos mostrando-lhe que o amamos.

Podemos nos sacrificar sem amor, dar sem o motivo correto, fundar ministérios e esquecer tudo a respeito do amor. Contudo, isso é um erro, pois não há nada maior que possamos levar ao mundo fora da igreja do que o amor. Não há nada mais convincente do que o amor de Deus refletido em nosso caráter.

O amor é uma linguagem universal; todos a entendem. Mesmo que as pessoas de uma remota vila na Índia ou na África não consigam entender a língua do missionário que lhes foi enviado, elas podem entender a bondade, o afeto e uma atitude generosa.

Por que Paulo escolheu o amor como a coisa mais importante no mundo? Porque *o amor jamais acaba* (1 Co 13.8). Tudo pode acabar, mas o amor jamais acaba.

O amor pode derreter o coração mais endurecido; é capaz de curar as feridas do coração quebrado e de aquietar os medos do coração ansioso.

A maioria das atividades às quais devotamos nosso tempo e energia são coisas que, geralmente, não permanecerão, não durarão nem são eternas.

Lutamos para fazer dinheiro, fundar empresas, alcançar grandes realizações, nos distinguir nos esportes, ser populares, adquirir propriedades, carros, roupas, jóias. Queremos expandir nossa mente e acompanhar o mundo. Tudo isso, porém, é passageiro. Apenas o amor jamais acaba. Um ato de amor continua e permanece para sempre.

Eu quero investir meu tempo e minha energia em algo que dure. E você?

No seu livro, *The Greatest Thing in the World* (A coisa mais importante do mundo), Henry Drummond diz que "amar abundantemente é viver abundantemente, e amar para sempre é viver para sempre".[5] Para "amar abundantemente" e "amar para sempre", você deve aprender a andar em amor para com todos.

VOCÊ NÃO PODE
DAR O QUE NÃO TEM

"Nós o amamos porque ele nos amou primeiro."
1 Jo 4.19 – ARC

Assim que entreguei a minha vida ao Senhor Jesus Cristo, comecei a ouvir sermões sobre a importância de amarmos os outros. Eu desejava andar em amor, mas, sinceramente, parecia que não conseguiria. Eu tinha o anseio, mas nenhum poder para realizá-lo (Rm 7.18). Fiz planos elaborados, mas nunca consegui executá-los.

Um desejo não realizado é sempre frustrante. Sentia-me muito frustrada e desejava saber o que havia de errado comigo. Eu era impaciente com as pessoas, legalista, severa, crítica, rude, egoísta, rancorosa – e este é apenas o início da lista.

Passei a compreender o que havia de errado comigo. Deus começou a mostrar-me que eu não poderia amar os outros, pois eu jamais havia recebido o amor dele por mim. Reconhecera mentalmente o ensinamento da Bíblia de que Deus me amava, mas isso não era uma realidade em meu coração. Eu era como uma pessoa sedenta, com um copo de água em frente a ela, que permanecia sedenta porque nunca bebia a água.

O amor tem um começo e uma conclusão. Primeiro, Deus nos ama, e, pela fé, recebemos seu amor. Nós, então, amamos a nós mesmos de uma forma equilibrada; damos amor de volta a Deus e aprendemos a amar outras pessoas. O amor deve seguir esse curso ou não será completo.

VOCÊ É DIGNO DE AMOR?

"Mas Deus [mostra e] prova o seu próprio amor para conosco pelo fato de ter Cristo [o Messias, o Ungido] morrido por nós, sendo nós ainda pecadores" (Rm 5.8).

Assim que você leu o título desta seção – "Você é Digno de Amor?" – pode ter pensado imediatamente: "Não, eu não sou!"

Antes de compreender a verdadeira natureza do amor de Deus e sua razão para me amar, é provável que eu respondesse da mesma forma a essa pergunta.

Como Deus pode nos amar, tão imperfeitos como somos? Ele pode porque Ele quer; isso lhe agrada: "... nos predestinou [nos destinou, planejou para nós em amor] para ele, para a adoção [revelação] de filhos, por meio de Jesus Cristo, segundo o beneplácito de sua vontade [porque isso agradava a ele e era seu plano bondoso]" (Ef 1.5).

Deus ama porque é a natureza dele. Deus é amor (1 Jo 4.8). Se fosse de outra forma, Ele não seria quem é.

Deus sempre nos ama! Ele pode não amar tudo o que fazemos, mas certamente nos ama. O amor de Deus é incondicional; é baseado nele, não em nós!

A GRAÇA DE DEUS É MAIOR DO QUE O NOSSO PECADO

"Sobreveio a lei [apenas] para que avultasse [e expandisse] a ofensa [tornando-a uma oposição mais clara e excitante]; mas onde [aumentou e] abundou o pecado, [aumentou e] superabundou a graça [favor imerecido de Deus]" (Rm 5.20).

Deus vence o mal com o bem (Rm 12.21). Ele faz isso derramando sua ilimitada graça sobre nós, de maneira que, se pecamos, sua graça se torna maior do que o nosso pecado. Da mesma maneira que é impossível para Deus não nos amar, é impossível para nós fazer qualquer coisa que o impeça de nos amar.

O amor de Deus é o poder que perdoa nossos pecados, sara nossas feridas emocionais e cura nossos corações partidos. (Ver Salmo 147.3.)

Assim que você perceber que é amado por Deus – não pelo que você é ou pelo que tenha feito – você poderá deixar de tentar merecer o amor divino ou de ganhá-lo em troca de obras e, simplesmente, recebê-lo e desfrutar dele.

Comece confessando que Deus o ama. Diga isso em voz alta, várias vezes por dia, quando estiver sozinho. Fale em voz alta ao ar livre e acostume-se a ouvi-lo – sinta-se confortável ao pensar nisso. Regozije-se no amor dele, encharque-se nele e deixe-o encher sua alma – seus pensamentos e suas emoções. Imagine a glória disto: *"Deus me ama!"*

Uma vez que seu coração esteja cheio do conhecimento do amor de Deus, você pode começar a retribuir o amor dele: "Nós o amamos, porque ele nos amou primeiro".

CONHEÇA O AMOR DE DEUS

"E, assim, habite [estabeleça-se, more, faça seu lar permanente] Cristo no vosso coração, pela fé [verdadeiramente], estando vós arraigados e alicerçados em amor. A fim de poderdes [e serdes fortes para] compreender [e entender], com todos os santos [o povo devotado de Deus, a experiência desse amor e] qual é a largura, e o comprimento, e a altura, e a profundidade [dele]. E [Para que possais vir a] conhecer [na prática, por vós mesmo através da experiência] o amor de Cristo, que excede todo entendimento [sem experiência], para

que sejais tomados [através de todo vosso ser] de toda a plenitude de Deus [possais ter a mais rica medida da presença divina
e possais vos tornar um corpo inteiramente cheio e inundado
com o próprio Deus!]" (Ef 3.17-19).

A Bíblia nos mostra que Paulo orou para que a igreja, de fato,
conhecesse o amor de Deus por experiência. Paulo sabia que uma
revelação do amor de Deus era imprescindível e as pessoas tinham
de recebê-la, senão nada funcionaria corretamente na vida delas.

Relacionamentos corretos são baseados no amor – amor fluindo de ambos os lados.

Assim que você começar a receber o impressionante amor incondicional de Deus, você pode passar não apenas a amá-lo em
retorno, mas também começar a amar os outros.

DÊ O QUE VOCÊ TEM

"Nisto consiste o amor: não em que nós tenhamos amado a
Deus, mas em que ele nos amou e enviou o seu Filho como
propiciação [sacrifício expiatório] pelos nossos pecados. Amados, se Deus de tal maneira nos amou, devemos nós também
amar uns aos outros" (1 Jo 4.10,11).

Tendo o amor de Deus em nós, podemos dá-lo. Seremos capazes de optar por amar os outros generosamente. Podemos amá-
los de forma incondicional, como Ele nos tem amado.

Todos desejam ser amados e aceitos. O amor de Deus é o presente mais maravilhoso que nos foi dado. Ele jorra para nós, e
então deveria jorrar através de nós a outros.

Gosto de me ver como um dispensário de bênçãos. Desejo ser
o tipo de pessoa a quem os outros possam procurar e ser abençoados. Quero fazer os outros felizes e tenho descoberto que, quando
faço isso, eu colho felicidade em minha própria vida.

Na maior parte das vezes, tentamos encontrar a felicidade da
maneira errada. Buscamos alcançá-la "no obter", mas ela é encon-
trada "no dar".

O amor deve dar; é da natureza do amor fazer isso: "Porque Deus amou ao mundo de tal maneira [e o teve em tão alta estima] que [até mesmo] deu o seu Filho unigênito [único], para que todo o que nele crê [confia, agarra-se a ele, depende dele] não pereça [seja destruído, perca-se], mas tenha a vida eterna [perpétua]" (Jo 3.16).

Mostramos nosso amor pelos outros satisfazendo as necessidades deles – tanto as materiais como as espirituais. A generosidade é o amor em ação. O amor é visto através da edificação, encorajamento, paciência, bondade, cortesia, humildade, altruísmo, bom temperamento, bondade [acreditar no melhor] e sinceridade.

Deveríamos buscar diligentemente maneiras de mostrar amor, em especial nas pequenas coisas.

PEQUENAS COISAS SIGNIFICAM MUITO

"Pois aqueles que desprezaram o dia das coisas pequenas..." (Zc 4.10).

Geralmente, as pequenas coisas são consideradas insignificantes. Na realidade, porém, elas são muito importantes. Eu descobri que as pequenas coisas são os temperos da vida.

Se o nosso único interesse está no prato principal (coisas grandes), cometemos um erro. Sem tempero, o prato principal é insípido, sem sabor e não satisfaz.

Um homem pode achar, por exemplo, que está mostrando amor à família tendo três empregos e trazendo muito dinheiro para casa a fim de assegurar-lhe segurança financeira. Na maior parte do tempo, ele não fica em casa e, quando se encontra lá, está cansado. Ele está fazendo uma coisa grande, mas não tem tempo para as pequenas coisas, como conversar e rir com a família, jogar bola com o filho, trazer uma rosa para a esposa quando vem para casa, levá-la para jantar, etc. Ele pode acabar enfrentando um divórcio ou, na melhor das hipóteses, um casamento que não satisfaz, enfadonho e insípido. Eu repito, as pequenas coisas são os temperos da vida.

O AMOR É O SAL DA VIDA

Nesse versículo, Jesus nos diz que somos o sal da terra, e se o sal tiver perdido seu sabor, não presta para mais nada.

Eu digo que toda a vida é insípida sem amor.

Mesmo os atos de generosidade feitos por obrigação, destituídos de amor sincero, deixam-nos vazios. O amor é o sal, a energia da vida, a razão para levantar-se a cada manhã.

Cada dia pode ser empolgante se nos virmos como agentes secretos de Deus, esperando nas sombras para salpicarmos algum sal em todas as vidas insípidas que encontramos.

Poderíamos, por exemplo, ver uma mulher, atrás de um balcão em uma lanchonete, que parece infeliz, cansada e irritada. Uma coisa simples como dizer: "Seu cabelo está realmente bonito", pode acrescentar sabor ao dia dela.

O amor é um esforço. Algumas vezes nos tornamos negligentes em dispensar esse presente. Oro para que este livro recarregue sua bateria e ajude-o a voltar-se para a coisa principal da vida – *o amor*!

AMAR COM PALAVRAS

"Alguém há cuja tagarelice é como pontas de espada, mas a língua dos sábios é medicina."

Pv 12.18

As palavras têm um impacto tremendo em toda a nossa vida. Eu conheço pessoas que têm uma vida de insegurança que as enfraquece, porque seus pais constantemente lhes diziam palavras de julgamento, crítica e derrota. Essas pessoas apenas podem ser curadas recebendo o amor incondicional de Deus. Elas foram machucadas em suas almas (seu eu interior, sua mente, vontade e emoções), um lugar ao qual apenas Deus tem total acesso.

Em Isaías 61.1, lemos que Jesus veio ao mundo para restaurar e curar os corações partidos. Ele é o Amado das nossas almas e, através dele, podemos estar seguros e ser bem-sucedidos.

Entretanto, uma vez que as pessoas são machucadas pelas palavras de outros, leva tempo para que superem a imagem distorcida que têm de si mesmas.

Por isso é importante que aprendamos a usar as nossas palavras para abençoar, curar e edificar, e não para amaldiçoar, machucar e destruir, como diz Efésios 4.29: "Não saia [jamais permita que saia] da vossa boca nenhuma palavra torpe [ou poluente, ou má, ou perniciosa, ou imprestável], e sim unicamente a [palavra] que for boa para edificação [benéfica para o progresso espiritual dos outros], conforme a necessidade [apropriada para a necessidade e a ocasião] e, assim, [seja uma bênção e] transmita graça [o favor de Deus] aos que ouvem".

Isso é verdade, principalmente em relação aos nossos próprios filhos.

NÓS COLHEMOS O QUE PLANTAMOS

"Ensina a criança no caminho em que deve andar [e a manter seu dom individual ou inclinação] e, ainda quando for velho, não se desviará dele" (Pv 22.6).

Como pais, não deveríamos dizer aos nossos filhos que eles são alguma coisa, a menos que queiramos que eles sejam aquilo que estamos dizendo.

As palavras criam uma imagem dentro de nós, e Provérbios 23.7 diz que, assim como uma pessoa pensa em seu coração, assim ela é.

Se um pai diz a uma criança que ela é burra e que não consegue fazer nada certo, ela começará a produzir a semente que foi plantada nela. Essas palavras negativas terão um efeito na percepção que ela tem de si mesma o que, por sua vez, se manifestará em sua atitude e comportamento. Ela literalmente se transformará no que acredita ser, baseada no que lhe foi dito a seu respeito.

·O princípio bíblico sobre essa questão é estabelecido em Gálatas 6.7: "Pois aquilo que o homem semear, isso também ceifará".

Nós colhemos o que semeamos. Palavras são sementes, e elas produzem uma colheita. Palavras apropriadas produzem uma colheita de bons relacionamentos. Da mesma forma, palavras erradas produzem uma colheita de maus relacionamentos.

Alguns pais ficam se perguntando por que os filhos não vêm visitá-los mais freqüentemente quando se tornam adultos e independentes. Pode ser porque suas memórias de casa são aquelas de pais resmungões, críticos, que usavam as palavras mais para destruir do que para edificar.

Eu tenho quatro filhos adultos e estou alegre porque eu e meu marido semeamos boas palavras na vida deles. Nós os corrigimos, mas éramos cuidadosos para não rejeitá-los. Quando eles tinham dificuldades, sempre dizíamos que acreditávamos neles e sempre estaríamos ao lado deles. Mesmo quando não gostávamos das coisas que eles faziam, e dizíamos isso a eles, enfatizávamos que nosso amor por eles era uma coisa imutável.

Quando Danny, nosso caçula, nasceu, tínhamos bastante da Palavra de Deus em nossos corações. Lembro-me do Senhor nos mostrando para jamais dizer ao Danny: "Você é um garoto mau!" Nós lhe dizíamos que as coisas que ele fazia eram más, porém jamais dissemos que ele era mau.

Muitos pais têm o hábito de usar essa fraseologia para corrigir seus filhos, mas eu acredito que isso planta neles uma imagem de que são maus. Essas sementes produzem uma colheita indesejada de mais mau comportamento.

Falando de modo geral, se acreditarmos nas pessoas, elas farão um esforço enorme para honrar a confiança que temos nelas. Aprendemos isso ao lidar com os funcionários em nosso ministério. Descobrimos que, se promovêssemos alguém que acreditávamos ter potencial, essa pessoa iria começar a agir de forma diferente assim que fosse informada de sua promoção. Temos visto alguns funcionários começarem a vestir-se mais profissionalmente e a se portarem de uma forma mais profissional. Eles trabalham mais para se tornarem o que lhes dissemos acreditar que eles podem ser.

Multidões de pessoas precisam de alguém que acredite nelas. Elas foram machucadas por palavras erradas, mas palavras corretas podem trazer cura às suas vidas.

Certa vez, uma de nossas cinco gerentes de divisão se sentia tão amedrontada que chorava toda vez que tentávamos fazer com que ela fizesse algo novo. Ela tinha medo de mim, medo da vida, medo do fracasso – medo de quase tudo. Recentemente, ela me disse:

"Joyce, você acreditava em mim mais do que eu acreditava em mim mesma."

Acreditar no melhor das pessoas e proferir palavras que as edifiquem é uma maneira de amá-las.

Medite nestas palavras e, então, pense sobre como elas o fazem se sentir:

Feio	Burro	Fracassado	Incompetente
Lerdo	Desajeitado	Incorrigível	

Elas o fazem se sentir edificado, entusiasmado e feliz como se você pudesse obter sucesso em tudo? Tenho certeza de que não.

Agora considere palavras como:

Atraente	Inteligente	Confiante	Abençoado
Criativo	Talentoso	Ungido	

Tenho certeza de que você considera que tais palavras o afetam de uma forma muito mais positiva.

Finalmente, à luz do que temos aprendido sobre o poder das palavras, reflita nos trechos a seguir:

"A ansiedade no coração do homem o abate, mas a boa palavra o alegra" (Pv 12.25).

"O homem se alegra em dar resposta adequada, e a palavra, a seu tempo, quão boa é!" (Pv 15.23).

"Palavras agradáveis são como favo de mel: doces para a alma e medicina para o corpo" (Pv 16.24).

"A morte e a vida estão no poder da língua; o que bem a utiliza come do seu fruto [para vida ou morte]" (Pv 18.21).

Você pode ver por que as palavras são tão importantes na vida da pessoa que, de fato, deseja andar em amor para com os outros.

FAÇA DO AMOR UM HÁBITO

"Consideremo-nos [e tenhamos cuidado atento e contínuo] também uns aos outros, para [cuidarmos uns dos outros, estudando como podemos] nos estimularmos ao amor e às boas obras" (Hb 10.24).

Se pretendemos fazer do amor um hábito, então precisamos desenvolver o hábito de amar as pessoas com nossas palavras. A natureza carnal (vulgar, sensual) aponta defeitos, fraquezas e falhas. Ela parece alimentar-se dos negativos da vida. Ela vê e amplia tudo o que está errado com as pessoas e coisas. Mas a Bíblia diz em Romanos 12.21 que devemos vencer o mal com o bem.

Andar no Espírito (seguindo continuamente a sugestão ou direção, orientação e trabalho do Espírito Santo através do nosso próprio espírito, em vez de sermos conduzidos por nossas emoções) exige que sejamos positivos. Deus é positivo, e para que andemos com Ele, devemos estar de acordo com Ele (Am 3.3).

É fácil encontrar algo errado em todas as pessoas, mas o amor cobre uma multidão de pecados: "Acima de tudo, porém, tende amor intenso [e infatigável] uns para com os outros, porque o amor cobre multidão de pecados [perdoa e desconsidera a ofensa dos outros]" (1 Pe 4.8).

O amor não expõe as faltas; ele as encobre.

CUIDADO COM O QUE VOCÊ FALA!

"Digo-vos que de toda palavra frívola [inoperante, inútil] que proferirem os homens, dela darão conta no Dia do Juízo" (Mt 12.36).

Pais, patrões, amigos, maridos, esposas, filhos – todos nós precisamos assumir o compromisso de amarmos os outros com nossas palavras, de desenvolvermos a confiança nos outros. Cada palavra que falamos pode ser um tijolo para construir ou um trator para destruir.

Escolha suas palavras cuidadosamente. Lembre-se de que elas são sementes; são recipientes para o poder. Elas estão produzindo uma boa ou uma má colheita em sua vida e nas vidas daqueles a quem você ama.

AMAR COM BENS MATERIAIS

"Ora, aquele que possuir recursos [para sustentar a vida] deste mundo, e vir a seu irmão [e irmão na fé] padecer necessidade, e fechar-lhe o seu coração [de compaixão contra ele], como pode [viver e] permanecer nele o amor de Deus? Filhinhos, não amemos [meramente] de palavra, nem de língua [nem em teoria], mas de fato e de verdade [na prática e em sinceridade]."

1 Jo 3.17,18

Muitas pessoas amam as coisas e, para obtê-las, usam as pessoas. Deus quer que amemos as pessoas e, para abençoá-las, usemos as coisas. Compartilhar nossas posses com os outros é uma maneira de mover o amor do estágio "fale sobre ele" para o estágio "pratique-o".

Deus nos deu um coração de compaixão, mas nós é que escolhemos se vamos ser compassivos. Como somos crentes em Jesus Cristo, Deus nos dá o seu Espírito e coloca um novo coração (e mente) em nós. Ezequiel 11.19 diz que esse novo coração é sensível e responsivo ao toque de Deus. Há algo no interior de cada crente que quer ajudar os outros; entretanto, o egoísmo pode nos levar a ficar tão determinados em obter nossos próprios desejos que nos tornamos desatentos às necessidades alheias.

Em todos os lugares, existem pessoas que sofrem. Algumas são pobres; outras, doentes ou solitárias. E outras ainda estão feridas emocionalmente ou têm necessidades espirituais. Um simples ato de bondade, como dar um par de brincos ou uma gravata para uma pessoa insegura, pode fazer com que ela se sinta amada e valorizada.

As pessoas podem ser apanhadas na armadilha de lutar para alcançar prosperidade. Contudo, freqüentemente, essa luta produz pouco ou nenhum resultado. Deveríamos lutar para nos sobressairmos em dar. Se fizermos assim, descobriremos que Deus garantirá que teremos o suficiente para satisfazer nossas necessidades e uma grande porção para distribuirmos. (Ver 2 Coríntios 9.8.)

COMECE ONDE VOCÊ ESTÁ

"Não digas ao teu próximo: Vai e volta amanhã; então, to darei, se o tens agora contigo" (Pv 3.28).

Podemos ter boas intenções e, ao mesmo tempo, ser desobedientes. A procrastinação é muito enganosa. Não a vemos como desobediência porque pretendemos obedecer a Deus. O problema é que só o faremos *quando* – quando tivermos mais dinheiro, quando não estivermos tão ocupados, tão logo o Natal passe, depois de colocar as crianças na escola, assim que as férias terminem, etc.

Não se pode orar para que Deus lhe dê mais dinheiro, a fim de que você seja uma bênção para outros se você não está sendo uma bênção com o que já tem. Não acredite nas mentiras de Satanás, quando este lhe diz que você não tem nada para dar. Mesmo que seja apenas uma goma de mascar ou uma caneta esferográfica, comece a usar o que você tem para abençoar os outros.

Depois que fui cheia do Espírito Santo (recebi o poder divino, a habilidade e a força de Deus para viver a vida cristã e satisfazer o desejo dele) em fevereiro de 1976, comecei a experimentar um grande desejo de dar. Dave e eu havíamos sido dizimistas desde que nos casamos, mas fazíamos pelos outros apenas o que éramos obrigados a fazer, nos aniversários, no Natal e em outras comemorações e ocasiões especiais. Jamais nos ocorreu "viver para dar", nem para nos sobressairmos em dar. Íamos à igreja todos os domingos, mas não havíamos aprendido nada sobre isso. Dávamos coisas que não queríamos mais, o que não considerávamos bom, o de que não gostávamos ou do que tínhamos mais do que precisávamos.

Não estávamos em uma posição financeira de dar mais do que os dez por cento de dízimo, mas o forte desejo de dar fez com que buscássemos maneiras de fazê-lo de qualquer forma. Então demos objetos pessoais, roupas extras, utensílios domésticos e um carro velho que poderíamos ter vendido por algumas centenas de dólares, mas decidimos passá-lo para um amigo em necessidade que o usou por muitos anos.

No processo de dar, descobrimos que não precisávamos ter dinheiro para ser uma bênção para outros.

PREPARE UMA CAIXA DE BÊNÇÃOS

Pegue uma caixa grande e faça uma busca entre seus objetos pessoais, pedindo a Deus para mostrar-lhe o que você tem que pode usar para abençoar os outros. Encha-a com coisas que são boas, mas das quais já está cansado, objetos que você tem em duplicata, coisas que comprou porque precisava na ocasião, mas que não tem usado há anos.

Quando meus filhos eram pequenos, por exemplo, eu freqüentemente precisava de um vaporizador durante seus resfriados ou gripes de inverno. Quando eles ficaram mais velhos, o parelho passou a ficar em uma estante em nossa despensa, no porão. Eu o trouxe ao meu escritório junto com outros itens dos quais não estava mais precisando, e alguém os levou embora imediatamente. Talvez fosse alguém que conhecia uma jovem mãe que precisava de um vaporizador e não podia comprar um.

Olhe nos armários, gavetas, guarda-roupas, no porão e na garagem. Você encherá sua caixa facilmente. Não guarde nada por anos só porque talvez um dia você pode precisar – se você for um pouquinho parecido comigo, quando precisar desse objeto já terá se esquecido de que o tem e irá comprar outro.

Pegue o atravancamento que o está frustrando e o transforme em bênção. Mantenha a caixa em um lugar estratégico e comece a pedir a Deus que lhe mostre quem precisa ser abençoado.

Uma mulher que conheço, que é uma doadora radical, juntou todas as coisas que queria usar para abençoar as pessoas e as expôs na sua mesa de cozinha. Ela convidou várias amigas e lhes disse para pegarem o que quisessem. Ela insistiu para que se sentissem à vontade para continuar escolhendo até que tudo tivesse acabado.

Eu o encorajo a ser um doador e a buscar formas de usar o que tem para ser uma bênção para os outros.

VOANDO ALTO

"Porque eles, testemunho eu, [deram] na medida de suas posses e mesmo acima delas, se mostraram voluntários [o fizeram voluntariamente]" (2 Co 8.3).

Há níveis de dar; alguns são menos dolorosos que outros. É bom dar coisas que não queremos mais ou que não mais usamos, mas deveríamos também dar coisas novas e que exigem esforço.

Se você conhece alguém que está passando por tempos difíceis, faça compras para ele; procure aquele presente especial que você sente que é o certo. Isso pode tomar algum tempo e, para pessoas ocupadas, pode ser penoso. É bom que você, propositadamente, explore novas áreas. Saia de sua zona de conforto e doe.

Dê um dos seus objetos favoritos; posso garantir que será doloroso. Por que é bom dar até que cause dor? Jesus fez isso quando se dispôs a morrer na cruz por nossos pecados (então ele ressurgiu dentre os mortos no terceiro dia como Deus havia prometido) e eu quero ser como Ele. Você não quer? Como diz o ditado: *"Sem dor, não há lucro"*.

NÃO AME O MUNDO

"Não ameis o mundo nem as coisas que há no mundo. Se alguém amar o mundo, o amor do Pai não está nele" (1 Jo 2.15).

Não se esqueça: Ame a pessoas e use as coisas para abençoá-las. Contudo, se amamos as coisas excessivamente, será difícil fazer isso. Eu e você devemos lutar para manter as *coisas* no lugar adequado. Não devemos nos permitir colocá-las na frente das pessoas. Algumas vezes, as pessoas ficam tão irritadas por causa da destruição ou da perda de um objeto que começam a maltratar os outros.

Certo dia, minha empregada estava preparando uma carne assada para nós na panela de pressão. Ela fez algo errado, e a válvula explodiu, atirando vapor, carne, gordura, batatas e cenouras direto ao teto, onde havia um ventilador ligado no máximo sobre o fogão. Ele apanhou a comida e a gordura e espalhou tudo pelas paredes da cozinha, teto, chão, móveis – e sobre a cozinheira.

Quando cheguei do trabalho, ela estava sentada num canto da cozinha, chorando. Parecia tão mal que pensei que havia recebido alguma notícia trágica. Finalmente consegui que ela me contasse o que havia acontecido, e quando ela terminou comecei a rir. Quando Dave chegou, ela e eu estávamos rindo histericamente.

– Eu destruí a sua cozinha, disse-me ela.

Lembro-me de ter-lhe dito:

– A cozinha pode ser substituída, mas você, não. Você é mais importante do que a cozinha. Graças a Deus você não se machucou.

Houve um tempo em que a minha resposta seria diferente. Antes de aprender que as pessoas são mais importantes do que as coisas, eu teria ficado com raiva e dito coisas para fazer minha empregada sentir-se tola e culpada.

Se amamos as pessoas, Deus pode substituir as coisas, mas, se amamos as coisas excessivamente, podemos perder pessoas que não podem ser substituídas.

A misericórdia (tratamento bondoso e compassivo)[1] é um aspecto do amor. É sempre sábio mostrar misericórdia – porque, freqüentemente, nós mesmos precisamos dela!

COISAS! COISAS! COISAS!

"Porque nada temos trazido para o mundo, nem coisa alguma podemos [obviamente] levar dele" (1 Tm 6.7).

Nossa sociedade está saturada de comércio. Todo mundo está muito ocupado fazendo dinheiro para que possam comprar mais coisas. Às vezes, temos a impressão de que existem *shoppings, megashoppings* e *minishoppings* em cada esquina.

Fico admirada ao ver tantas lojas. Freqüentemente eu digo:"Não sei como todas essas lojas podem se manter no negócio. Parece que não há fregueses suficientes para todas elas."

Eu devo estar errada, porque mais e mais lojas são construídas todos os dias.

As coisas não são más em si mesmas, mas se tornam más se nos desviam das prioridades divinas: "Porque o amor do dinheiro é raiz de todos os males; e alguns, nessa cobiça, se desviaram da fé e a si mesmos se atormentaram com muitas [agudas] dores [mentais]" (1 Tm 6.10).

Deus quer que seus filhos sejam abençoados. Ele deseja que tenhamos coisas boas. Ele se compraz "na prosperidade do seu servo" (Sl 35.27).

Quanto mais usarmos nossos recursos para abençoar os outros, mais Deus nos abençoará: "Dai, e dar-se-vos-á [presentes]; boa medida, recalcada, sacudida, transbordante, generosamente vos darão [derramarão dentro do bolso formado pelo peitilho da sua capa e usado como uma sacola]; porque com a medida com que tiverdes medido [com a medida que usardes quando fizerdes benefício aos outros] vos medirão também" (Lc 6.38).

Como a Abraão, Deus nos chamou para nos abençoar e para que sejamos uma bênção: "De ti farei uma grande nação, e te

abençoarei [com abundante aumento de favores], e te engrande-
cerei o nome [e farei teu nome famoso e honrado]. Sê tu uma
bênção [dispensando bem aos outros]" (Gn 12.2).

Se nossa motivação é ser uma bênção, isso prova que Deus
pode nos confiar dinheiro e bens. Colhemos o que plantamos; é
uma lei espiritual: "Não vos enganeis [nem sejais iludidos e cor-
rompidos]: de Deus não se zomba (escarnece, desdenha por meras
pretensões ou declarações, ou colocando-se seus preceitos de lado).
[Aquele que tenta iludir a Deus inevitavelmente ilude-se a si
próprio]; pois aquilo que o homem semear, isso também ceifará" (Gl 6.7).

E é também uma lei do Universo: "Enquanto durar a terra, não
deixará de haver sementeira e ceifa, frio e calor, verão e inverno, dia
e noite" (Gn 8.22).

Entretanto, deveríamos evitar dar com o único propósito de
receber. 2 Coríntios 9.6 declara que devemos dar (semear) generosamente *para que bênçãos venham a alguém.*

Abençoar os outros deveria ser nosso principal motivo para dar.
Não desperdice sua vida dedicando-se apenas a ganhar dinheiro
e juntar coisas. Como vimos em 1 Timóteo 6.7, não trouxemos
nada para este mundo e nada levaremos dele. E 2 Coríntios 9.9 nos
ensina que as ações da pessoa benevolente durarão para sempre.

Eu quero deixar um legado como resultado da minha jornada
nesta vida. Recuso-me a passar por ela como uma "tomadora".
Decidi ser uma "doadora". Eu quero abençoar as pessoas de formas
tangíveis. Oro para que você tenha o mesmo desejo.

TODOS PRECISAM DE UMA BÊNÇÃO

"Como está escrito: [o benevolente] distribuiu, deu aos pobres, a sua justiça [suas obras de justiça e bondade e be-
nignidade e benevolência] permanece [continuará] para sempre" (2 Co 9.9).

Abençoar os pobres é igualmente bom e bíblico. Eles deveriam
ser um dos nossos principais objetivos.

Procure pessoas que estão em necessidade e as abençoe. Compartilhe o que você tem com aqueles que são menos afortunados do que você. Mas lembre-se de que todos precisam de uma bênção – mesmo o rico, o bem-sucedido e aqueles que parecem ter de tudo.

Freqüentemente, ouvimos as pessoas dizerem:

"O que você compra para o homem ou a mulher que tem tudo?"

O que você compra ou faz por eles não é o que realmente importa; é o ato de amor que é necessário.

Recentemente, Dave e eu nos sentimos dirigidos pelo Espírito de Deus a contribuir financeiramente com um famoso e bem-sucedido artista da música cristã. Para isso, usamos os recursos de nosso fundo ministerial. Ele escreveu agradecendo e afirmou que o presente fora oportuno e que, em vinte e três anos de serviço, nenhum ministério nacional se tornara seu mantenedor.

Todos amam esse homem. Ele é uma tremenda bênção para todo o corpo de Cristo. Então, por que nenhum outro ministério nacional jamais o havia abençoado financeiramente? Eu creio que é porque temos sido treinados a dar ao pobre ou necessitado, mas tivemos pouca ou nenhuma instrução no que diz respeito às necessidades das classes média e alta, os bem-sucedidos ou ricos do mundo.

Eles têm necessidades emocionais como as outras pessoas e, algumas vezes, até mesmo maiores, porque, normalmente, carregam um fardo pesado de responsabilidade. Em geral, eles são os provedores, que cuidam de outras pessoas, que ministram às necessidades dos outros. Como resultado, eles raramente são considerados necessitados.

Todos precisam de uma bênção. Nós todos precisamos ser encorajados, edificados, cumprimentados e apreciados. De vez em quando, todos nos sentimos cansados e precisamos que outras pessoas nos digam:"Eu só queria que você soubesse que eu tenha apreço por você e por tudo o que você faz."

Isso pode ser feito apenas com palavras, mas é também um gesto muito bonito acrescentar um presente material ou em dinheiro quando apropriado. Freqüentemente ouvimos que "o dinheiro fala", e fala mesmo.

Creio que Deus nos abençoa para que sejamos uma bênção – não apenas em alguns lugares, mas aonde quer que formos! *Comece a usar o que você tem para ser uma bênção, e seu poço jamais secará.*

Quando você é abençoado, estou certa de que não quer que os outros pensem que você não precisa receber mais, pois já está sendo abençoado. Então, lembre-se de semear para o pobre e para o rico, para o oprimido e para o bem-sucedido. (Ver 2 Coríntios 9.6,7.)

Tenho aprendido a apreciar a plantação de diversas sementes. Gosto de dar àqueles que têm necessidades e de ajudar a trazê-los ao nível no qual eu estou vivendo. Eu também gosto de contribuir com os que estão desfrutando de um nível de vida ao qual eu gostaria de ser promovida.

Se você quer que seu ministério cresça, escolha alguns dos grandes ministérios que você respeita e semeie neles. Se você quer que seu casamento seja restaurado, semeie na vida de alguém que tem um ótimo casamento, liberando sua fé com sua semente por uma colheita nessa área. Se você quer que suas finanças cresçam, semeie nas necessidades dos outros.

Na verdade, as possibilidades são infinitas.

Se você viver para satisfazer as necessidades dos outros e para fazê-los felizes, você encontrará "alegria indizível" nesse processo. (Ver 1 Pedro 1.8.)

AMAR COM PENSAMENTOS

"Porque, como imagina em sua alma, assim ele é."

Pv 23.7

Cometemos um erro quando julgamos que nossos pensamentos não afetam as pessoas. Freqüentemente, podemos perceber os pensamentos dos outros, e eles podem sentir os nossos.

Nossos pensamentos não apenas afetam os outros, eles também nos afetam de uma maneira surpreendente. Provérbios 23.7 ensina que da maneira que pensamos, assim somos. Se tivermos pensamentos indelicados, nos tornaremos indelicados. Se tivermos pensamentos amáveis, nos tornaremos amáveis. Se tivermos pensamentos de ira sobre alguém por um período de tempo e, subitamente, nos encontrarmos em sua presença, descobriremos que, na prática, é impossível tratá-lo com amabilidade.

TRAZENDO OS PENSAMENTOS CATIVOS

"Porque as armas da nossa milícia não são carnais, e sim poderosas em Deus, para destruir fortalezas, anulando nós sofismas e toda altivez que se levante contra o conhecimento de Deus, e levando cativo todo pensamento à obediência de Cristo" (2 Co 10.4,5).

O tempo todo Satanás tenta encher nossas mentes com pensamentos errados. Nossa responsabilidade é expulsar os pensamentos errados, mantê-los sob controle e substitui-los por pensamentos corretos.

Devemos escolher nossos pensamentos com cuidado porque eles nos afetam e, conseqüentemente, as pessoas à nossa volta.

O testemunho seguinte, que me foi enviado muitos anos atrás, ilustra claramente o poder dos pensamentos e por que devemos aprender a exercer controle sobre eles.

Durante o Natal, eu levei uma figueira para o quarto de cima, a fim de ter espaço para a árvore de Natal. Ela tinha um pequeno ramo com cerca de doze folhas bem abaixo dos outros galhos. Não era bonito e estragava a forma da árvore.

Quando eu acordava pela manhã, via a árvore na janela e pensava: "Vou cortar aquele galho". Toda vez que eu passava pela árvore, pensava, "esse galho não está bonito, vou me livrar dele".

O tempo passou, e a árvore foi levada para a sala de estar. Eu continuei a ter um pensamento negativo toda vez que a via. Isso durou, no total, um mês e meio.

Certa manhã, passei pela árvore e cada folha daquele pequeno galho estava amarela. Não havia nenhuma outra folha amarela em toda a árvore. Eu fiquei meio assustada e contei ao meu marido. Ele olhou para mim e disse: "Estou muito contente por você ter bons pensamentos a meu respeito!"

Cortei aquele ramo no mesmo dia!

Sempre tive um relacionamento difícil com minha sogra. Claro que sempre achei que eu não tinha culpa, pois eu era muito meiga e tudo o mais. Decidi que isso merecia ser testado. Toda vez que eu pensava nela, determinava abençoá-la – abandonar a minha forma de pensar sobre ela e abençoá-la!

Ela raramente me telefonava ou tinha qualquer interesse em conversar comigo, mas dentro de cinco dias ela tinha me ligado três vezes. Apesar de rápidos, eram telefonemas amistosos! Ela não tinha me telefonado mais do que seis vezes o ano todo. Então eu comprei a sua série *O Poder dos Pensamentos* e agora tomo cuidado sobre o que eu penso a respeito das pessoas."

Parece que os pensamentos dessa mulher de fato mataram o galho daquela árvore e mudaram a atitude da sua sogra para com ela! Não é surpreendente?

OS PENSAMENTOS MINISTRAM VIDA OU MORTE

"Porque o pendor da carne dá para a morte, mas o do Espírito, para a vida e paz" (Rm 8.6).

Queremos ministrar vida aos outros com nossos pensamentos, não morte.

Romanos 8.6 afirma que a mente da carne é morte, mas a mente do Espírito é vida. Pensamentos negativos e desagradáveis ministram a morte a nós como indivíduos e também aos outros. Contudo pensamentos positivos, amáveis e graciosos ministram vida.

A seguir relato um exemplo da minha própria vida que me ensinou como nossos pensamentos afetam as pessoas à nossa volta.

Certo dia, eu estava fazendo compras com minha filha mais nova, que, na época, era adolescente. Naquele dia em particular, seu cabelo estava desarrumado; e o rosto, desfeito. Ela tinha começado a usar maquiagem e ainda estava aprendendo a usá-la corretamente. Por isso, ela havia exagerado e o resultado não foi bom.

Toda vez que eu olhava para ela eu pensava: "Você não está bonita hoje". Depois de algum tempo, notei que ela estava parecendo deprimida e fiquei imaginando o que havia de errado com ela. Então lhe perguntei o que estava acontecendo.

"Eu estou me sentindo horrível hoje", respondeu ela.

Quando ela disse isso, Deus falou ao meu espírito: "Viu o que seus pensamentos fizeram a ela?"

Imediatamente, me convenci de que meus pensamentos tinham sido errados e muito desagradáveis para Deus.

Freqüentemente, pensamos coisas sobre as pessoas, que jamais lhes diríamos, não percebendo que, mesmo nossos pensamentos, são capazes de afetar os outros. Podemos pecar em pensamento, palavra ou ação; por isso, precisamos ser cuidadosos em todas essas áreas.

NOSSOS PENSAMENTOS AFETAM A NOSSA ATITUDE

"[Permiti que vosso] amor seja sem hipocrisia [sincero, uma coisa real]. Detestai o mal [tende repugnância por toda impiedade, tende horror à maldade], apegando-vos ao bem. Amai-vos cordialmente uns aos outros com amor fraternal [como membros de uma família], preferindo-vos em honra uns aos outros" (Rm 12.9,10).

Se eu e você permitirmos que nossos pensamentos sobre uma pessoa sejam negativos, nossa atitude em relação a ela também será negativa. Se quisermos amar as pessoas devemos tomar a decisão de ter bons pensamentos sobre elas.

Eu não consigo imaginar Jesus sendo amável com alguém enquanto tinha maus pensamentos sobre ele. Nós temos de seguir o exemplo de Jesus. Como já vimos, nosso amor deve ser sincero. Se estamos orando para que alguém mude e, ao mesmo tempo, pensamos constantemente como ele é e que provavelmente jamais mudará, nossas orações serão rejeitadas por causa da nossa atitude negativa.

É importante que tenhamos uma atitude amável em relação às pessoas, uma atitude recheada de misericórdia e bondade. Uma atitude correta começa com pensamentos corretos.

Quando percebo que minha atitude em relação a uma pessoa ou a uma situação está indo na direção errada, sempre descubro que a atitude começou com uma maneira de pensar errada. Aprendi que, para evitar pensar negativamente, devo renovar meus pensamentos e minhas atitudes todos os dias (Ef 4.23).

ESCOLHER TER BONS PENSAMENTOS

"E vos renoveis no espírito do vosso entendimento [tendo uma atitude mental e espiritual renovada]" (Ef 4.23).

Uma evolução real aconteceu na minha caminhada de amor quando eu percebi que o amor era algo que eu precisava fazer o propósito de sentir. Eu não podia esperar para me sentir amorosa; eu tinha de escolher ser amorosa. A mesma regra se aplica aos nossos pensamentos. Nós precisamos aprender a escolher ter bons pensamentos sobre as pessoas.

Nós devemos aprender a procurar o bem em cada um, não o mal. Todos nós somos falhos e fracos, mas também temos coisas em nós que são boas.

Eu admito que precisamos procurar o bem em algumas pessoas com mais afinco do que em outras; mas, para sermos como Jesus, é isso que devemos fazer.

Jesus encontra o bem em todos e o exalta, em vez de engrandecer o mal. Ele encontrou o bem em mim e passou a desenvolvê-lo até que o bem superasse uma porção de coisas que estavam erradas em mim. Ele tem feito a mesma coisa na vida de muitos de nós e espera que façamos o mesmo pelas pessoas que encontramos diariamente: "Amados, se Deus de tal maneira [tanto] nos amou, devemos nós também amar uns aos outros" (1 Jo 4.11).

Pare por um momento e faça a seguinte experiência. Sente-se e, de propósito, tenha alguns bons pensamentos sobre alguém que você conhece e veja o quanto você se sente melhor. Se você manter essa prática, passará a notar mudanças na atitude daquela pessoa para com você. Uma razão por que essa pessoa mudará é porque você terá mudado.

Ter bons pensamentos abre a porta para que Deus possa agir. Se queremos que o bom plano de Deus se manifeste em nossas vidas, devemos entrar em acordo com ele (Am 3.3). Ele não é negativista em nenhum aspecto e, de acordo com a Bíblia, recebemos a mente de Cristo (ver 1 Coríntios 2.16) – *mas devemos escolher usá-la.*

Temos também a mente da carne e, freqüentemente, sinto que é como a força gravitacional da terra; se não resistirmos a ela, seremos puxados em sua direção.

Se eu derrubar minha escova de cabelo, ela cairá no chão porque a gravidade a puxa para baixo. Entretanto, posso interromper a queda dessa escova se esticar o braço rapidamente e pegá-la. A força gravitacional é tão forte quanto era antes, mas eu tenho o poder de resistir a ela e não permitir que a escova caia ao chão.

Deveríamos olhar para nossos pensamentos da mesma maneira. Por causa da natureza pecaminosa do homem, nossos pensamentos irão, automaticamente, em uma direção negativa, a menos que os dirijamos de outra maneira.

Quando uma pessoa aceita a Jesus Cristo como Salvador, ela nasce de novo. Em outras palavras, seu espírito é renovado (feito novo). 2 Coríntios 5.17 declara que, quando qualquer pessoa está em Cristo, ela é uma nova criatura, as velhas coisas passaram e todas as coisas se fizeram novas.

Além do espírito renovado (nascido de novo), cada uma das outras áreas das nossas vidas pode experimentar novidade de vida. É um processo que exige que quebremos velhos hábitos e formemos novos, mas a persistência compensa.

Se você não tem trabalhado com o Espírito Santo para quebrar velhos padrões de pensamento e formar novos, é tempo de começar. Escolha alguns bons pensamentos sobre as pessoas e, à medida que sua atitude começar a mudar em relação a elas, verá seus relacionamentos começarem a mudar para melhor.

DIRIGIDO, GUIADO E CONTROLADO
PELO ESPÍRITO SANTO

"Vós, porém... estais [vivendo] no Espírito, se, de fato, o Espírito [Santo] de Deus [realmente] habita em vós [vos dirige e controla]..." (Rm 8.9).

Quando o amor nos dirige (que é outra forma de dizer "quando Deus nos dirige"), não podemos pensar coisas más a respeito das pessoas. Nós nem mesmo iremos querer isso.

Só viveremos, de fato, a vida do Espírito quando permitirmos que o Espírito Santo controle cada área da nossa vida. É certo que Ele só tomará o controle da nossa vida quando tiver o controle dos nossos pensamentos e palavras.

Ser dirigido pelo Espírito é crucial para uma vida cristã vitoriosa. Enquanto tivermos nossos próprios pensamentos e falarmos nossas próprias palavras, jamais experimentaremos vitória.

Cada um de nós tem um propósito na terra. Se Deus não tivesse nenhum propósito para nós, ele nos tiraria do mundo assim que aceitássemos seu Filho Jesus Cristo como Salvador, para que pudéssemos começar a desfrutar do céu e da presença de Deus imediatamente. Mas o fato é que Deus tem um propósito para cada um de nós, e deveríamos aprender qual é e cooperar com ele.

Aprender o propósito de Deus para nós é fácil; está escrito ao longo das páginas do Novo Testamento. Deus quer usar cada um de nós que é seu filho para encorajar alguém a se tornar seu filho (para entregar sua vida a Jesus, convidando-o para ser seu Salvador). Não adianta nada falar sobre Jesus com as pessoas a menos que estejamos vivendo um estilo de vida cristã que dê suporte às nossas palavras. Pensamentos têm tudo a ver com o processo.

Nossa vida é o reflexo de nossos pensamentos. É impossível ter um bom estilo de vida a menos que tenhamos nos treinado a ter bons pensamentos. Se quisermos que outros vejam Jesus refletido em nossas vidas, então a mente dele deve estar refletida em nós.

Devemos ser dirigidos pelo Espírito em nossa maneira de pensar; é aí que toda vida dirigida pelo Espírito começa. Se queremos que outros vejam e desejem o que temos, se queremos fazê-los famintos e sedentos de Deus como a Bíblia nos ensina a fazer, então nossa vida deve ser vivida de tal maneira a alcançar esse objetivo.

Muitas pessoas vão à igreja todos os domingos, mas não podem ser identificadas como cristãs no resto da semana.

Deus não fica satisfeito por batermos o ponto no domingo de manhã, dando-lhe uma hora, e, depois, bater o ponto na saída até o domingo seguinte.

Da mesma forma, não é agradável a Deus quando temos pensamentos errados sobre os outros (1 Jo 4.20,21). Pensamentos condenatórios, críticos e negativos não são agradáveis a Deus: "Portanto, os que estão [vivendo] na carne [a vida da carne, alimentando os apetites e impulsos da sua natureza carnal] não podem agradar [ou satisfazer] a Deus [nem ser aceitáveis a ele]" (Rm 8.8.)

Temos a liberdade de escolher o que nos controlará. Podemos permitir que a mente da carne nos controle ou podemos escolher o Espírito Santo e sua maneira de pensar.

A CARNE OU O ESPÍRITO?

"Assim, pois, irmãos, somos devedores, não à carne [não estamos obrigados à nossa natureza carnal] como se constrangidos a viver segundo a carne[uma vida governada pelos padrões estabelecidos pelos preceitos]. Porque, se viverdes segundo [pelos preceitos da] a carne, caminhais para a morte; mas, se pelo [poder do] Espírito [Santo], mortificardes [extinguirdes, matardes habitualmente] os [maus] feitos do corpo [instigados pelo], certamente [realmente e genuinamente], vivereis [para sempre]" (Rm 8.12,13).

Tenho certeza de que muitas pessoas que lerão este livro têm sido controladas por uma forma errada de pensar. Elas acham que todos os seus problemas são causados pelo diabo, por outras pessoas, pela forma como foram educadas quando eram crianças, etc. Mas a verdade é que em muitos casos o problema é simplesmente uma falta de conhecimento ou um espírito preguiçoso que se recusa a agir de acordo com o conhecimento disponível.

Ter pensamentos corretos freqüentemente se assemelha a uma luta. A mente é o campo de batalha no qual Satanás tenta nos derrotar. A Bíblia nos diz para lançar fora os maus pensamentos; mas o que isso quer dizer? Significa que, assim que pensamentos errados se apresentam a nós, devemos nos recusar a acolhê-los e a revolvê-los repetidas vezes em nossa mente. Não devemos dar-lhes força meditando neles.

A verdadeira chave para a vitória não é apenas lançar fora os pensamentos errados, mas substituí-los por pensamentos corretos: "Finalmente, irmãos, tudo o que é verdadeiro, tudo o que é respeitável, tudo o que é justo, tudo o que é puro, tudo o que é amável, tudo o que é de boa fama, se alguma virtude [e excelência] há e se algum louvor existe [se é digno de louvor], seja isso o que ocupe [continue em vosso pensamento, seja ponderado e tomado em consideração] o vosso pensamento [fixai vossas mentes nisso]" (Fp 4.8).

É praticamente impossível pensar em duas coisas ao mesmo tempo. Quando um novo pensamento chega, o antigo deve ir embora.

Vá em frente, tente! Comece a pensar sobre o seu nome, por exemplo. Agora pense sobre seu endereço. Quando você passou a pensar no seu endereço, parou de pensar em seu nome.

Nós nos livramos da escuridão acendendo a luz. Da mesma forma, nos livramos de pensamentos errados escolhendo voltar nossa atenção para pensamentos corretos.

Seja determinado a amar a Deus, a você e aos outros com seus pensamentos. Peça ao Senhor para reduzi-lo ao amor. É o único caminho para a verdadeira felicidade e a única forma pela qual podemos ser testemunhas em nosso mundo hoje.

AMAR É DESEJAR ADAPTAR-SE E AJUSTAR-SE

"Tende o mesmo sentimento uns para com os outros [vivei em harmonia]; em lugar de serdes orgulhosos [esnobes, excessivamente moralistas, inacessivos], condescendei [adaptai-vos a pessoas, coisas] com o que é humilde [e atividades humildes]; não sejais sábios [não vos super-estimeis] aos vossos próprios olhos [vossos próprios conceitos]."

Rm 12.16

Uma das mais importantes facetas do amor é o altruísmo, que é descrito nas Escrituras como o desejo de adaptar-se e ajustar-se às necessidades e aos desejos dos outros.

Pessoas que têm sido reduzidas ao amor não são egoístas. Elas aprenderam a ser adaptáveis e ajustáveis aos outros. Por outro lado, pessoas egoístas esperam que todo mundo à sua volta se ajuste a elas, mas elas mesmas são freqüentemente incapazes de fazer isso para os outros sem se tornar bravas ou infelizes.

Aprender a me adaptar e a me ajustar às necessidades e aos desejos dos outros era muito difícil para mim. Para ser sincera, eu simplesmente queria as coisas do meu jeito e ficava infeliz quando não conseguia.

Eu era egoísta!

Como vemos na vida do apóstolo Paulo, o egoísmo não é a marca registrada de um cristão verdadeiro.

O AMOR É AUTO-SACRIFICIAL

"Porque, sendo livre [em todos os sentidos] de todos [do controle de todos], fiz-me escravo de todos, a fim de ganhar o maior número possível [para Cristo]. Procedi, para com os judeus, como judeu, a fim de ganhar os judeus; para os [homens] que vivem sob o regime da lei, [eu me tornei] como se eu mesmo assim vivesse [debaixo da Lei], para ganhar os que vivem debaixo da lei, embora não esteja eu debaixo da lei" (1 Co 9.19,20).

Paulo andou em amor e ensinou seus discípulos a fazerem o mesmo. Ele aprendeu a se adaptar aos outros para que pudesse ganhá-los para Cristo. Obviamente, ele havia aprendido que salvar a alma de outra pessoa era mais importante do que ter as coisas do seu jeito.

Se mais pessoas aprendessem essa lição, acredito sinceramente que haveria muito mais cristãos dedicados no mundo hoje.

Paulo foi capaz de adaptar-se aos outros porque ele tomou a decisão de fazê-lo por amor a Cristo. Como resultado, creio que ele se tornou sensível ao que as pessoas necessitavam dele e tentou satisfazê-las. Como crentes, deveríamos estar dispostos a fazer o mesmo.

Nem todas as pessoas precisam das mesmas coisas de nós. Um dos nossos filhos, por exemplo, pode necessitar mais do nosso tempo pessoal do que o outro. Um dos nossos amigos pode necessitar de mais encorajamento mais regularmente do que outro. Nossa irmã pode precisar que sejamos bons ouvintes, enquanto nosso irmão pode precisar que conversemos com ele.

Isso não significa que devemos deixar as necessidades dos outros dirigirem nossas vidas; o Espírito Santo deve ter esse privilégio. Mas, com certeza, significa que deveríamos nos depositar nas mãos de Deus e confiar nele para cuidar de nós enquanto nos ocupamos de cuidar dos outros.

Minha tia precisa de mim, meus pais precisam de mim, meu irmão precisa de mim, meu marido precisa de mim, cada um dos meus quatro filhos precisa de mim, meus cinco netos precisam de mim, meus funcionários precisam de mim, meus sócios precisam de mim, meus amigos precisam de mim – todos precisam de mim de uma maneira diferente.

Alguma vez me sinto muito necessária? Sim, vez ou outra me sinto, mas lembro a mim mesma de que Deus me dá graça por qualquer coisa que ele coloca em minha vida e que sou abençoada por ser amada e necessária.

Alguma vez me sinto cansada de sempre estar tentando estar à disposição para satisfazer as necessidades dos outros? Sim, mas eu lembro a mim mesma de todos os anos egoístas que vivi e de como eu era infeliz; quando faço isso, não demora muito para que minha atitude se ajuste.

Não permito que as pessoas me controlem, mas tento satisfazer as necessidades delas que são razoáveis. Minha tia e meus pais precisam de que eu telefone e/ou os visite pelo menos uma vez por semana, então eu faço isso por eles. Essa é uma maneira pela qual posso expressar meu amor por Deus e por eles.

Não basta dizer às pessoas "Eu amo você". Isso é bem ineficaz. Devemos também tentar satisfazer as necessidades delas.

Quando é possível, meu marido gosta de jogar golfe uma vez por semana. Então, eu tento fazer com que nossos compromissos lhe dêem essa oportunidade. Ele gosta muito de assistir a programas de esportes, e, embora eu não goste nem um pouquinho, consigo me ocupar uma ou duas vezes por semana enquanto ele se acomoda e assiste a um jogo ou a um torneio de golfe.

Eu me lembro de todos os anos quando eu não gostava que ele fizesse essas coisas, porque eu queria que ele fizesse o que eu desejava fazer. Se ele assistisse a um jogo na televisão ou saía para jogar golfe, eu me irritava. Eu ficava infeliz porque não havia aprendido a me adaptar às necessidades dele. Eu queria que ele se ajustasse às minhas necessidades e desejos, mas não queria me ajustar às dele.

Na verdade, em muitas outras áreas, ele se ajustou aos meus desejos. Ele quase sempre me deixava escolher os restaurantes em que comíamos, quando convidaríamos amigos para ir à nossa casa, quantas vezes saíamos e muitas outras coisas.

Durante anos, não reconheci o que ele fazia, apenas o que ele não fazia, e eu estava assim arruinando nosso relacionamento. Estou contente porque aprendi a me adaptar e a me ajustar. Por algum tempo, foi um pouco difícil para mim, mas isso provavelmente salvou meu casamento.

É mais fácil para alguns se adaptarem do que para outros, mas todos nós devemos aprender a fazer isso.

Minha gerente geral e amiga tem um temperamento dado por Deus, que se presta a adaptar-se aos outros. Ela não tem opiniões definidas sobre a que assistir na televisão ou onde comer. Qualquer coisa está bem para ela. Quando passamos juntas um dia de lazer, ela fica feliz com o que eu escolher. Ela não gosta de fazer compras, por exemplo, mas fica feliz em ir comigo e mostra paciência o dia todo enquanto eu provo roupas ou sapatos.

Uma das nossas filhas tem uma personalidade similar. Qualquer coisa que eu queira fazer está bem para ela. Nossa outra filha é mais decidida sobre o que ela quer. Por exemplo, ela não gosta de ir às compras, a menos que precise comprar algo. Eu gosto de fazer compras, e ela tem a opção de ir comigo sempre que quiser, mas eu não me sinto ferida ou rejeitada se ela preferir não ir.

Respeito as personalidades diferentes das minhas duas filhas e tento manter com elas um relacionamento que satisfaça nossas necessidades – delas e minhas.

Tenho dois filhos. Um deles precisa de mais tempo do que o outro. Um é independente e gosta de ficar em casa com a família. O outro é totalmente o oposto. Ele gosta de estar com pessoas e fico feliz porque seu pai e eu somos duas das pessoas com quem ele gosta de estar.

Há muito tempo, aprendi que não adianta nada tentar fazer com que uma pessoa seja o que ela não é.

Amo todos os meus filhos igualmente e tenho relacionamentos diferentes com cada um deles. Além de serem nossos filhos, eles também são bons amigos nossos. Todos trabalham para o ministério, o que significa que temos uma série de relacionamentos diferenciados, mas Deus nos dá graça para trabalhar juntos como uma equipe, e respeitarmos os direitos e personalidades uns dos outros.

Todos nós somos de opinião forte, mas nós temos aprendido a não tentar impor nossas opiniões e pontos de vista uns aos outros. Nós percebemos que cada um precisa de espaço e quer estar livre para fazer as coisas da forma como acha conveniente.

Uma pessoa que foi reduzida ao amor não tem problema em estabelecer e manter bons relacionamentos com as pessoas, pois seu primeiro objetivo na vida é fazer os outros felizes. Como veremos no próximo capítulo, o amor não é egoísta, não busca os próprios interesses ou direitos (1 Co 13.5).

O AMOR MOSTRA RESPEITO

"Pagai a todos o que lhes é devido: a quem tributo [é devido], [pagai] tributo; a quem imposto [é devido], imposto; a quem respeito [é devido], respeito; a quem honra [é devida], honra" (Rm 13.7).

O amor respeita as diferenças dos outros. Uma pessoa egoísta espera que todo mundo seja exatamente do jeito que ela é e que goste de tudo o que ela gosta.

Respeitar os direitos individuais é muito importante. Se Deus quisesse que todos nós fôssemos iguais, ele não teria dado a cada um impressões digitais diferentes. Acho que esse fato por si só prova que fomos criados iguais, porém diferentes.

Nós todos temos dons e talentos diferentes, gostos e aversões diversas, diferentes objetivos na vida, diferentes motivações, e a lista não acaba.

O amor mostra respeito; uma pessoa que ama aprendeu a dar liberdade àqueles a quem ama.

Liberdade é um dos maiores presentes que podemos dar. É o que Jesus veio nos dar, e também devemos dá-la a outros.

À medida que seus filhos forem crescendo, deixe-os fazer algumas escolhas por si mesmos. Quando forem adultos, não tente mais governar a vida deles. Quando tomarem decisões com as quais você não concorda – mesmo que sejam decisões erradas – respeite o direito deles de fazer isso.

Antes de julgar os outros, devemos nos lembrar de todas as más decisões que tomamos em nossos anos de juventude.

Nosso filho mais novo, logo que se casou, tomou algumas decisões com as quais eu e meu marido não concordávamos, mas respeitamos o direito que ele tem de tomá-las. Quando as coisas não funcionaram bem em conseqüência de suas decisões, não lhe dissemos: "Se você tivesse nos escutado, isso não teria acontecido". Falar "Eu lhe disse isso" não é o jeito de se construir bons relacionamentos.

As decisões erradas do nosso filho custaram-lhe algum tempo e dinheiro, mas não foi o fim do mundo. Ele aprendeu uma importante lição sobre esperar um pouco mais antes de tomar decisões. No fim das contas, suas decisões erradas acabaram se tornando valiosas, porque ele aprendeu com elas.

Nós lhe mostramos amor ao lhe mostrar respeito. Primeiro, mostramos respeito não julgando suas decisões; segundo, mostramos respeito não dizendo "Bem que eu lhe disse".

De acordo com o *American Dictionary of the English Language*, 1828, de Noah Webster, uma definição parcial da palavra *respeito* é "ver ou considerar com algum grau de reverência; estimar como possuidor de real valor".[1]

Todas as criações de Deus são importantes e devem ser tratadas como valiosas. Uma vez que as pessoas estão no topo da criação dele, elas deveriam ser tratadas com grande respeito e consideradas como tendo grande valor.

Recentemente um funcionário me disse que o gerente do seu departamento nunca foi cortês com ele. Nunca batia à sua porta, mas simplesmente entrava sem pedir licença e interrompia-o, independentemente do que ele estivesse fazendo. Ele disse, entretanto, que o supervisor do departamento mostrava mais respeito e sempre batia antes de entrar.

Algumas vezes tal comportamento desrespeitoso é causado por uma atitude errada. Se alguém se vê como "o chefe" e considera os outros "inferiores" a ele, pode sentir que tem o direito de fazer tais coisas. Entretanto, se ele muda sua atitude e começa a tratar os outros da maneira como quer ser tratado (Mt 7.12), fará as coisas de modo bem diferente do que está acostumado a fazer.

Às vezes, um chefe pode precisar interromper um funcionário – e ele tem esse direito – mas o modo como ele faz isso é muito importante. Sempre há uma maneira respeitosa – e uma desrespeitosa – de se lidar com cada situação.

Muitas pessoas jamais usaram seus dons e talentos na vida, porque nunca aprenderam a respeitar a autoridade, a família, os amigos ou mesmo suas posses.

Ouvi uma história e quero compartilhá-la com você para ilustrar o meu ponto de vista.

Dois famosos treinadores de futebol universitário haviam dado uma palestra em um importante congresso. Depois que terminaram, deram um tempo para perguntas. Um treinador de colégio na platéia perguntou: "Qual é sua principal prioridade ao recrutar jovens para jogar em suas universidades?"

Ele pensou que, com certeza, a resposta seria velocidade, tamanho, força ou inteligência, mas nenhuma dessas era a resposta correta.

A resposta dos treinadores surpreendeu a todos. Eles disseram que, antes de escolher um possível candidato para seus times, eles queriam saber quanto respeito o garoto mostrava aos seus pais, porque, se ele respeitasse seus pais, ele também respeitaria os outros e seria capaz de se tornar uma parte efetiva de um time vitorioso.

Respeito é um atributo que sempre deve superar o talento e a habilidade. Ao longo dos anos, tem havido algumas pessoas talentosas em nosso ministério a quem não temos podido promover porque não mostraram respeito apropriado às autoridades ou aos seus colegas de trabalho.

Em Romanos 12.16, Paulo nos diz para vivermos em harmonia com os outros, desejando nos ajustar a eles. Ele continua a falar sobre a humildade: "... condescendei com o que é humilde [ocupe-se de atividades humildes]; não sejais sábios aos vossos próprios olhos".

As pessoas que pensam a respeito de si mesmas mais do que deveriam acham difícil, se não impossível, ajustar-se aos outros. A opinião elevada que têm de si mesmas as leva a ver os outros como "pequenos" e "insignificantes". Esse tipo de atitude é muito perigoso, porque ele se esconde em nosso pensamento. Ele nos leva a não respeitar as opiniões e idéias alheias, tornando impossível, portanto, que sejamos parte de uma equipe de qualquer tipo.

Muitas pessoas que são talentosas na área de liderança têm personalidades fortes e agressivas. Elas são extremamente orientadas para um objetivo e motivadas para realizações. Elas freqüentemente tratam mal os outros, até mesmo sem perceber que estão fazendo isso. Elas apenas sentem que estão conseguindo com que o trabalho seja feito, o que para elas é o mais importante.

Um líder deveria definitivamente trabalhar em amor, porque o que está em sua cabeça jorra para o corpo (Sl 133.2). O líder dá o exemplo aos outros. Qualquer um em posição de liderança automaticamente se transforma em professor. Ele ensina aos outros o que é certo e o que é errado através de suas ações. Se ele mostra desrespeito aos seus funcionários, estes, por sua vez, mostrarão desrespeito uns aos outros.

O AMOR DÁ PREFERÊNCIA AOS OUTROS

"Amai-vos cordialmente uns aos outros com amor fraternal [como membros de uma família], preferindo-vos em honra [dando preferência e mostrando honra] uns aos outros" (Rm 12.10).

Dar preferência aos outros exige um desejo de adaptar-se e ajustar-se. Significa permitir-lhes ir primeiro ou ter o melhor de algo.[2]

Como viajamos muito de avião, eu, Dave e os membros da nossa equipe acumulamos muitas milhagens que podem ser resgatadas para passagens de primeira classe em vôos futuros. Como o espaço na primeira classe é limitado, há sempre mais pessoas em nosso grupo do que o número de assentos disponíveis em qualquer tipo de vôo.

A regra no aeroporto é "quem chega primeiro, leva". Há vezes que nossos funcionários chegam ao aeroporto antes de nós e conseguem os lugares de primeira classe e não sobra nenhum para mim e Dave. Sempre que isso acontece, os funcionários insistem para que eu e Dave fiquemos com os lugares da primeira classe enquanto eles sentam na classe econômica. Ao fazer isso, eles estão nos amando e nos dando a preferência. Eles preferem que nós – e não eles – tenhamos o conforto da primeira classe. Eles nos honram através de seu ato de amor.

Coisas desse tipo realmente ajudam a construir bons relacionamentos.

Nossos funcionários não permitem que carreguemos nada pesado quando nós estamos viajando com eles. Alguém sempre pega nossas malas. Não é que sejamos nem um pouco melhor do que eles, mas eles estão mostrando respeito por nossa posição no ministério e expressando amor por nós.

Nós tivemos funcionários que jamais se ofereceram para carregar nada e que até mesmo se mostravam insultados se lhes pedíssemos isso, o que nos deixava ver imediatamente que seu espírito estava todo errado. Qualquer um que quer ser um líder no reino de Deus deve estar disposto a ser um servo (Mt 23.11).

Mostramos preferência quando damos a alguém o melhor pedaço de carne da bandeja, em vez de guardá-lo para nós mesmos. Mostramos preferência quando permitimos que alguém com menos compras do que nós no seu carrinho passe à nossa frente no caixa do supermercado, ou quando estamos aguardando na fila do banheiro público e alguém atrás de nós na fila está grávida ou é idosa e escolhemos deixar que essa pessoa vá na nossa frente.

Cada vez que mostramos preferência, temos de fazer um ajuste mental. Estávamos planejando ser os primeiros, mas decidimos ser os segundos. Estamos com pressa, mas decidimos dar a vez a alguém que parece ter uma necessidade maior do que a nossa.

Uma pessoa não está arraigada e alicerçada em amor enquanto não aprender a mostrar preferência aos outros. (Ver Efésios 3.17.) Quase todos os dias, temos múltiplas oportunidades de nos adaptar e ajustar. Se estivermos presos em nossos planos, será difícil fazer isso. É bom ter planos. Sem planos não conseguiremos muito. Deveríamos nos manter em nossos planos tanto quanto possível. Se não nos mantivermos atentos, jamais ficaremos na rota. Entretanto, estamos desequilibrados se não podemos discernir quando precisamos nos agarrar aos nossos planos e quando temos de nos adaptar e nos ajustar a fim de acomodar algo importante que surge inesperadamente.

Não apenas aprenda a se ajustar, mas aprenda a fazê-lo com boa disposição. Aprender a fazer isso é aprender a caminhar em amor. Lembre-se de que o amor não é apenas palavras; é ação e é visto em todo o nosso comportamento.

AS MUITAS FACETAS DO AMOR

O amor [resiste por muito tempo e] é paciente, é benigno; o amor [jamais é invejoso] não arde em ciúmes, não se ufana [não é vaidoso, arrogante e cheio de orgulho] não se ensoberbece [não se mostra arrogante], não se conduz inconvenientemente, [não é rude, descortês]. [O amor de Deus em nós] não procura os seus [próprios direitos ou] interesses [porque não busca coisas para si mesmo]; não se exaspera [não é irritável nem melindroso nem mal-humorado]; não se ressente do mal [não presta atenção à injustiça sofrida]. Não se alegra com a injustiça [e maldade], mas regozija-se com a verdade [quando o direito e a justiça prevalecem]. [O amor] tudo sofre [suporta qualquer coisa e tudo o que vem], tudo crê [está sempre pronto a acreditar no melhor de cada pessoa], tudo espera [suas esperanças não se desvanecem debaixo de qualquer circunstância], tudo suporta [sem enfraquecer]. O amor jamais acaba..."1
Co 13.4-8

No capítulo 6, vimos que o altruísmo é uma faceta importante do amor. Mas o amor é como um diamante; ele tem muitas facetas. Qualquer que seja a maneira que um diamante é movido, ele brilha de uma forma um pouco diferente. Assim é o amor.

O amor é algo que se apresenta de diversas formas. Se não estivermos conscientes desse fato, corremos o risco de achar que estamos caminhando em amor, enquanto estamos sendo impacientes ou rudes, egoístas ou orgulhosos. O amor é mostrado de maneiras práticas; é o que mantém os relacionamentos. Quantos casamentos seriam salvos se um marido simplesmente fosse mais gentil ou uma esposa fosse menos melindrosa? O que aconteceria se todos os membros de uma igreja decidissem acreditar no melhor uns dos outros ou do seu pastor? Essa idéia é bastante sensata.

Nós não deveríamos imaginar que sabemos qualquer coisa sobre o amor a menos que estivéssemos operando em todas as facetas do amor. Esses frutos do Espírito (definidos no capítulo 1) deveriam ser o nosso objetivo.

Certa vez, meu objetivo era construir um grande ministério; apesar disso, por mais que eu fizesse, meu ministério não crescia. Eu tinha minhas prioridades fora de ordem. Desenvolver minha caminhada de amor estava lá no final da lista; portanto, Deus não permitia que meu ministério crescesse. Eu precisei ser educada no significado real do amor. Eu descobri rapidamente que amar é mais do que palavras. Eu aprendi que era custoso e que dependia de bastante esforço.

Vamos considerar algumas das muitas facetas do amor apresentadas no "capítulo do amor" − 1 Coríntios 13.

O AMOR É PACIENTE

"O amor [resiste por muito tempo e] é paciente..." (Co 13.4).

O amor é visto quando somos pacientes uns com os outros.

O mundo hoje está cheio de pessoas impacientes. Parece que todo mundo está correndo. O nível de estresse é elevado na vida da maioria das pessoas e a pressão sob a qual elas vivem produz a impaciência. Até mesmo os cristãos estão igualmente propensos à impaciência.

A maioria de nós não quer esperar por nada. Estamos sempre com pressa para começar o próximo compromisso da nossa agenda apertada. Portanto, ficamos impacientes com qualquer um que nos retém ou diminui nosso ritmo.

Eu e você temos muitas fraquezas, mas ficamos impacientes com as faltas e fraquezas dos outros. Queremos que Deus seja misericordioso conosco, mas freqüentemente não desejamos dispensar aos outros a mesma misericórdia que recebemos.

Somos impacientes com as pessoas e com as circunstâncias. Somos impacientes até mesmo com Deus. Queremos que Ele se mova mais depressa do que o faz. Queremos que Ele nos dê o que desejamos imediatamente, quer estejamos ou não prontos para lidar com isso.

Queremos colher todos os benefícios da vida espiritual, mas não estamos dispostos a fazer o que é preciso para desenvolver a maturidade espiritual.

Não queremos sofrer por nada. Queremos nos desviar de todos os caminhos árduos da vida, mesmo que os tempos difíceis nos ajudem a crescer espiritualmente. Queremos fazer progresso sem esforço. Em outras palavras, queremos, queremos e queremos; entretanto, não estamos desejando amadurecer. Queremos que todos os nossos progressos venham rapidamente, sem nenhum preparo ou esforço da nossa parte.

Podemos entrar no *drive-thru* de uma lanchonete *fast-food* e pedir um hambúrguer, mas isso não possui o mesmo valor nutricional de uma refeição feita em casa. Hoje, milhares de pessoas estão sofrendo por causa de uma saúde deficiente. A origem da maioria desses problemas é a alimentação inadequada, resultante de pegarmos algo para comer rapidamente a fim de que possamos passar para o item seguinte da nossa agenda. Multidões também estão sofrendo de subnutrição espiritual, por estarem muito ocupados para dedicar tempo a Deus.

O amor é paciente. Não é apressado. Sempre dedica tempo para esperar em Deus, para ter comunhão com ele.

Uma pessoa cuja vida é marcada pelo amor é paciente com as pessoas. Ela é paciente até consigo mesma, com suas fragilidades e fraquezas. Ela é bondosa também. Ela dedica tempo para ouvir uma pessoa idosa que está solitária e quer conversar. Ela está disposta a ouvir a mesma história quatro ou cinco vezes apenas para mostrar bondade.

A pessoa paciente é resignada. Ela pode tolerar algo desconfortável por um longo período de tempo sem se queixar. Ela tem o poder de suportar o que quer que surja com bom humor. Tiago 1.4 diz que o homem paciente é "perfeito e íntegro, em nada deficiente". Isso significa que ele é alegre.

Se formos impacientes, Satanás pode manter nossa vida em desordem. Tudo o que ele precisa fazer é dar um jeito para que tenhamos uma situação da qual não gostamos, e nossa paz se vai pela janela. Ele se organiza para que nós nos desorganizemos!

A paciência é uma virtude maravilhosa. É uma faceta do amor que precisa ser desenvolvida pela pessoa que está buscando ter uma sólida caminhada em amor e mostrar o caráter de Jesus Cristo.

O AMOR NÃO É INVEJOSO NEM CIUMENTO

"O amor [jamais é invejoso] não arde em ciúmes..." (1 Co 13.4).

De acordo com Provérbios 14.30, "a inveja [o ciúme e a ira] é [como] a podridão dos ossos".

A Palavra de Deus ordena que não cobicemos nada que pertença a outra pessoa (Êx 20.17). Não devemos ser invejosos nem ciumentos porque isso envenena nossas vidas e prejudica o relacionamento com os outros.

O amor não inveja nem se torna ciumento. Ele se regozija quando os outros são abençoados.

Descobri que a melhor maneira de superar a inveja ou o ciúme é admiti-los. Quando você começar a sentir ciúme ou inveja, seja sincero com Deus e peça-lhe para livrá-lo deles.

Devo admitir que há vezes em que ouço sobre uma bênção que alguém recebeu e começo a pensar: "Quando isso vai acontecer comigo?" Sempre que esse pensamento entra em minha mente, de imediato abro a boca e digo:"Estou feliz por ele. Se Deus pode fazer isso por ele ou por ela, ele pode fazê-lo por mim também."

Se uma moça é solteira e tem orado e pedido a Deus para lhe dar um marido, pode ser difícil para ela ser verdadeiramente feliz por suas amigas quando elas se casam.

Em tais situações, em vez de ficarmos infelizes ou com ciúmes ou com inveja, nós podemos ficar felizes pelos outros e permitir que sua bênção seja um encorajamento para nós, acreditando que o que Deus fez por eles pode fazer por nós. Se Ele fez uma vez, pode fazer de novo!

Temos de aprender a orar para que outras pessoas sejam abençoadas. Deveríamos aprender a orar para que Deus faça por elas o que nós estamos crendo que ele fará por nós. O que fizermos com que aconteça a alguém através das nossas orações, Deus fará com que aconteça a nós.

Devemos abençoar outras pessoas e não ter medo de que elas passem à nossa frente. Nós não devemos invejar a aparência, posses, educação, nível social, estado civil, dons e talentos, emprego ou qualquer outra coisa de alguém, porque isso bloqueará nossas próprias bênçãos.

Houve um tempo em minha vida em que eu invejava as pessoas que podiam cantar muito bem. Deus mostrou-me que, por invejá-las, eu era incapaz de desfrutar do dom que ele havia dado a elas para meu benefício.

Veja, Deus coloca dons em nós para os outros, não para nós mesmos. Um cantor pode gostar tremendamente de cantar, mas ele não desfruta tanto disso quanto aqueles que o ouvem. Deus lhe deu o dom para o benefício dos outros.

Eu gosto muitíssimo de pregar e de ensinar a Palavra, mas provavelmente eu não desfruto tanto disso como as pessoas que são ajudadas pelo meu dom de comunicação. Isso faz mais bem aos outros do que a mim. Sou ajudada através do dom dos outros e eles são ajudados pelo meu dom.

Essa é uma razão por que todos somos diferentes e precisamos uns dos outros. Ter ciúme e inveja uns dos outros é um desperdício total de tempo. Todos nós temos dons que Deus nos deu; eles não vêm de nenhuma outra fonte. Devemos ficar alegres com o que o céu nos mandou. Deus tem um plano singular para cada vida, e os dons que ele nos dá são parte desse plano. Podemos confiar nele; Ele sabe fazer a parte que lhe cabe. Na verdade, o que Ele faz pelos outros não é da nossa conta. A nossa parte é andar em amor.

Pergunte-se sinceramente se há alguém em sua vida de quem você tem ciúme ou inveja. Se há, comece a tratar dessa situação.

O amor não é invejoso nem arde em ciúme. Quem pretende ter um caminhar sólido em amor terá de crescer, deixando de ter inveja ou ciúme de outras pessoas.

O AMOR NÃO É ORGULHOSO NEM PRESUNÇOSO

"O amor... não se ufana [não é vaidoso, arrogante e cheio de orgulho], não se ensoberbece [não se mostra arrogante]" (1 Co 13.4,5).

O amor não pensa de si mesmo mais do que deveria, simplesmente porque a pessoa que está andando em amor não está pensando nela de maneira nenhuma. Sua mente não está nela própria, mas nos outros.

O amor está sempre se esforçando, procurando formas de ser uma bênção, maneiras de servir a Deus. O amor aproveita cada oportunidade para fazer o bem e está sempre atento para ser uma bênção aos outros, como diz Gálatas 6.10: "Por isso, enquanto tivermos oportunidade [e quando houver ocasião], façamos o bem [moralmente] a todos [não apenas sendo úteis ou de algum proveito para eles, mas também fazendo o que é para seu bem espiritual e proveito]. [Estejamos atentos para sermos uma bênção] mas principalmente aos da família da fé [àqueles que pertencem à família de Deus conosco, os crentes]".

A pessoa que está andando em amor não tem dificuldade em dizer "Desculpe". Contudo o homem ou a mulher orgulhosa acha muito difícil pronunciar essas palavras.

O orgulho empenha-se em ser visto como sabendo mais do que os outros; em contraste, o amor não ostenta seu conhecimento, nem procura parecer "certo" em cada debate. Paulo diz que o conhecimento sem amor apenas faz com que as pessoas se tornem envaidecidas: "No que se refere às coisas sacrificadas a ídolos, [claro que] reconhecemos que todos somos senhores do saber [no que diz respeito a esses assuntos]. [Entretanto,] o saber [por si só] ensoberbece [leva as pessoas a se portarem como se fossem melhores do que as outras], mas o amor [a afeição e boa vontade e benevolência] edifica [e constrói e encoraja o crescimento de outrem à estatura completa]" (1 Co 8.1).

O indivíduo orgulhoso se gaba de suas realizações. Ele deixa de dar glória a Deus, mas a toma para si mesmo. Ele freqüentemente se acha falando sobre si mesmo – o que está fazendo, o que fez, o que sabe, quem conhece, etc..

A Bíblia nos adverte sobre a vanglória:

"Não te glories [de ti mesmo e] do dia de amanhã, porque não sabes o que [um dia] trará à luz. Seja outro o que te louve, e não a tua boca; o estrangeiro, e não os teus [próprios] lábios" (Pv 27.1,2).

"Vós não sabeis o [mínimo do] que sucederá amanhã. Que é a vossa vida? [Qual é a natureza de sua vida?] Sois, [na realidade] apenas, como neblina [um vapor, uma baforada de fumaça] que aparece por um instante e logo se dissipa [em ar fino]. Em vez disso, devíeis dizer: Se o Senhor quiser, não só viveremos, como também faremos isto ou aquilo. Agora, entretanto, vos jactais [falsamente] das vossas arrogantes pretensões [e elevada auto-estima]. Toda jactância semelhante a essa é maligna" (Tg 4.14-16).

O apóstolo Pedro é um bom exemplo de um homem que teve de ser humilhado.

Em Mateus 26.31-35, vemos que Pedro pensava sobre si mesmo mais do que devia. Nessa passagem, lemos que, imediatamente antes da crucificação, Jesus disse aos seus discípulos que todos ficariam escandalizados e o abandonariam. No verso 33, Pedro declarou ao Senhor que ele jamais faria isso. Em resposta, Jesus advertiu Pedro de que, antes mesmo que aquela noite acabasse, seu medo o levaria a negá-lo três vezes, mas Pedro não podia conceber que seria tão fraco.

Na verdade, Pedro não se conhecia, e muitos de nós somos do mesmo jeito. Olhamos os outros e os julgamos: "Eu jamais faria aquilo". Então, quando nos achamos em situação similar, fazemos coisas que jamais acreditaríamos serem possíveis.

Pedro precisou passar pela experiência de falhar, de cair na hora da crise. Ele tinha de ver suas fraquezas antes que pudesse trazê-las à cruz e encontrar a força de Deus.

Sim, Pedro falhou miseravelmente. Ele negou a Jesus três vezes. Ele falhou num momento crucial, mas o resultado final foi bom. A experiência o humilhou e o trouxe ao lugar onde Deus poderia usá-lo poderosamente.

Deus pode usar apenas homens e mulheres humildes. Devemos nos humilhar, e Ele nos exaltará (1 Pe 5.6).

Tenho ouvido dizer que ainda está para ser visto o que Deus pode fazer através de um homem ou mulher que lhe dará toda a glória.

Orgulho e amor não se misturam. O amor não é orgulhoso nem arrogante. Não é jactancioso, nem se vangloria. Não se envaidece. Não menospreza os outros; não os vê como pequenos e insignificantes. Como o amor valoriza cada pessoa, qualquer um que tenha contato com alguém que está cheio de amor se sentirá especial, valioso e encorajado.

O orgulho é um problema difícil de ser tratado, porque ele se esconde – em nossos pensamentos e nos mais profundos recônditos da nossa mente. O orgulho não admitirá que está presente porque ele é muito orgulhoso para admiti-lo.

Há muitos anos, disponibilizamos fitas de ensino sobre o tema do orgulho. Elas não estão entre nossos materiais mais vendidos. Eu acredito que é porque as pessoas que precisam delas são muito orgulhosas para pegá-las no balcão de fitas. Afinal de contas, alguém poderia vê-las e se perguntar se teriam algum problema com o orgulho.

Jesus continuamente se humilhava, e devemos seguir o exemplo dele:

"Não tenha cada um em vista [nem tenha consideração ou se preocupe com] o que é propriamente [meramente] seu [seus próprios interesses], senão também cada qual o que é [do interesse] dos outros. Tende em vós o mesmo sentimento [a mesma atitude e propósito e mente humilde] que houve também em Cristo Jesus. [Deixe-o ser seu exemplo de humildade]" (Fp 2.4,5).

Como fez com Pedro, Jesus teve de me ensinar muitas lições sobre o orgulho; e elas foram difíceis de aprender.

É incrível o quanto estamos interessados em nós mesmos. É um poderoso testemunho quando o Espírito Santo pode trabalhar conosco e nos transformar de indivíduos orgulhosos, arrogantes, vaidosos, presunçosos em humildes servos de Deus e dos homens.

Eu ainda estou crescendo nessas áreas e provavelmente sempre estarei, mas estou avançando em direção ao alvo da soberana vocação divina (Fp 3.14).

A soberana vocação de Deus é que sejamos como Jesus, e que a semelhança de Cristo seja desenvolvida em nosso caráter.

Jesus se humilhou e veio à terra como Filho do Homem para nos salvar de nossos pecados. Nós não podemos ajudar os outros a menos que estejamos dispostos a seguir o exemplo de Jesus 'e nos humilharmos.

A Bíblia declara que Jesus se esvaziou de todos os seus privilégios de direito como Filho de Deus e se tornou um servo (Fp 2.6,7).

O orgulho quer ser servido, mas a humildade é livre para servir os outros. O orgulho exige seus direitos, mas a humildade prontamente os abandona quando necessário. O orgulho vive para si, mas a humildade vive para os outros. A pessoa que está comprometida a andar em amor passará a odiar o orgulho em si mesma. Cada aparição dele em sua vida será tratada imediatamente, porque ela conhece o perigo que ele representa.

Qual é o perigo do orgulho?

O orgulho mantém as pessoas presas em uma armadilha chamada "eu". Há apenas três pessoas nessa prisão: eu, eu e eu. É um lugar realmente solitário.

O orgulho impede que Deus use as pessoas. O orgulho é mesquinho com os outros; mostra desrespeito, é parcimonioso e sempre exige ser o primeiro em tudo. O orgulho quer ser visto, notado, mimado, exaltado e estar confortável.

A humildade fica satisfeita em saber que Deus está no controle. Ela acredita, desfruta de descanso e paz. É obediente e alegre e se compraz em fazer os outros felizes.

O AMOR NÃO É RUDE

"Não se conduz inconvenientemente [não é rude, descortês]" (1 Co 13.5).

Surpreende-me quanta grosseria encontramos em nosso dia-a-dia. Gostaria de poder dizer que todas emanam de descrentes, mas o fato é que muitos cristãos são rudes.

Nós, crentes, estamos no mundo, mas devemos resistir a nos tornarmos como ele, ou, talvez eu devesse dizer, trabalhar para evitarmos ser como ele é.

Embora sejamos seguidores do Senhor Jesus Cristo e tenhamos começado a estudar a Palavra de Deus e seus caminhos, nós ainda temos muitos maus hábitos. Esses maus hábitos precisam ser quebrados e novos hábitos precisam ser formados. Isso leva tempo, mas deveríamos ser incansáveis em nossa busca de um comportamento divino.

Aqueles que andam em amor não são rudes nem descorteses. Eles não se comportam inconvenientemente.

Se eu estiver vestida inconvenientemente, isso significa que estou usando algo que não fica bem em mim. Quando nós, como crentes, agimos de forma inconveniente, estamos usando uma roupagem espiritual que não fica bem em nós. Deus não fica impressionado com nosso guarda-roupa lotado, mas se impressiona quando "vestimos amor" (Cl 3.14). Para vestir amor, devemos vestir um comportamento que não seja rude.

É rude interromper os outros quando eles estão falando, especialmente sem dizer: "Por favor, me desculpe, mas eu realmente preciso lhe perguntar algo importante". É rude furar a fila para ser o primeiro ou para conseguir o melhor assento. É rude arrancar algo da mão de alguém ou deixar de dizer: "Obrigado" e "Por favor".

É rude ficar do lado de fora da porta do escritório de alguém quando está claro que ele está conversando com outra pessoa. Nesse caso, podemos dizer: "Eu preciso vê-lo por um momento quando você tiver tempo" e, depois, afastar-nos o suficiente para não ouvir a conversa.

Caberia a todos nós arranjar um bom livro sobre comportamento e lê-lo freqüentemente. Tenho certeza de que a lista de boas maneiras seria útil e a lista de comportamento rude seria interminável. Vamos todos pedir a Deus para nos mostrar as maneiras em que nós somos rudes e inconvenientes e então pedir-lhe graça (como lhe disse anteriormente, graça é favor imerecido de Deus) para mudar.

O AMOR NÃO BUSCA OS PRÓPRIOS INTERESSES

"O amor [de Deus em nós] não procura os seus [próprios direitos ou] interesses [porque não busca coisas para si mesmo]" (1 Co 13.5).

A natureza do amor jorra para fora; não flui para dentro. O egoísmo está desenfreado em nosso mundo de hoje, e não devemos deixá-lo nos governar. Para onde quer que olhemos, vemos mensagens de que deveríamos nos preocupar mais conosco do que com outras pessoas. Eu vejo anúncios que dizem coisas como:

"Compre um carro novo; você merece."
"Se você não cuidar de si mesmo, quem cuidará?"
"Faça uma viagem às Bahamas, você deve isso a si mesmo."

Não há nada errado em se fazer coisas para nós mesmos; na verdade, precisamos disso. Mas há algo desesperadamente errado quando ficamos obcecados com nossos desejos e necessidades. Parece que estamos sempre lutando por "nossos direitos". Para variar, talvez devêssemos lutar pelos direitos dos outros: os que estão para nascer, os deficientes físicos, os famintos, os idosos, e outros como esses.

Em Mateus 24, os discípulos de Jesus lhe perguntaram qual seria o sinal de sua vinda e do final dos tempos. No verso 12, ele advertiu que nos últimos dias "o amor se esfriará de quase todos".

Tenho visto essa passagem se cumprir em meu próprio tempo de vida, e, provavelmente, você também. As pessoas não se preocupam com as outras da forma como faziam. O materialismo tem se arrastado para dentro da igreja. Ninguém mais tem tempo para ajudar os outros, para servir aos outros, para orar pelos outros. Freqüentemente todos estão muito ocupados tentando conseguir o que querem para si mesmos.

Ageu 1 apresenta um grupo de pessoas que havia ignorado uma instrução de Deus por dezoito anos. Deus lhes dissera para reconstruir o templo. Apesar disso, elas disseram "Não veio ainda o tempo, o tempo em que a Casa do Senhor deve ser edificada [embora Ciro tivesse ordenado que isso fosse feito dezoito anos antes]" (v. 2).

Eles haviam gastado todos aqueles anos tentando reconstruir as próprias casas e se encontravam em circunstâncias desesperadoras. Eles nunca tinham dinheiro suficiente. As coisas não estavam funcionando direito para eles. Qualquer coisa que conseguissem, eles perdiam rapidamente. Deus lhes falou através do profeta Ageu: "... Considerai os vossos caminhos [vossa conduta presente e passada] e como vocês têm se saído" (v. 7). Em outras palavras: "Olhem para a sua situação e se perguntem por que estão em condição tão desesperadora. É porque vocês estão tentando cuidar de si mesmos em vez de me obedecer e trabalhar juntos para conseguir algo para todos. Isso não vai funcionar!"

O egoísmo não funciona. Ele bloqueia cada canal de bênção que, de outra forma, fluiria em sua vida.

Pessoas egoístas são sempre muito infelizes e freqüentemente pensam que, se elas apenas pudessem ter o que querem, se sentiriam melhor. Satanás as têm em uma roda de trabalhos forçados para se fazerem felizes, mas nunca alcançam o sucesso.

Em toda a Bíblia, o Senhor adverte homens e mulheres sobre o perigo de serem egoístas e os encoraja a se lembrarem de alcançar os outros em amor e serviço:

"Aparta-te do mal e faze o bem, e será perpétua a tua morada [em segurança]" (Salmo 37.27).

"Porque o que semeia para a sua própria carne [natureza mais baixa, sensualidade], da carne colherá corrupção [e ruína e destruição]; mas o que semeia para o Espírito, do Espírito colherá vida eterna" (Gl 6.8).

"Não negligencieis [ou esqueçais], igualmente, a prática do bem e a mútua cooperação [de serdes generosos e distribuirdes e contribuirdes para o necessitado da igreja como personificação e prova de comunhão]; pois, com tais sacrifícios, Deus se compraz" (Hb 13.16).

Certa vez, quando Jesus estava ensinando uma multidão de pessoas – que incluía seus discípulos – Ele lhes disse que, se eles ou qualquer outra pessoa quisesse segui-lo, deveriam esquecer-se de si próprios, deixar de olhar para si mesmos e para seus interesses. Ele disse que essa era a cruz que deveriam carregar (Mc 8.34). Nossa cruz não é uma vida de pobreza e cheia de desastre. É viver altruisticamente. Andar em amor é custoso e é um esforço; por isso, muitas pessoas jamais trilham o caminho pelo qual Jesus andou.

Como já temos visto, o amor se adapta e se ajusta; ele não exige seus próprios interesses.

O Salmo 37.5 é o texto da Bíblia que minha sogra escreveu na capa da minha primeira Bíblia, que ela me deu muitos anos atrás: "Entrega o teu caminho ao Senhor, confia nele, e o mais ele fará".

Ao longo dos anos, eu tenho precisado aplicar essa porção da Escritura a muitas situações da minha vida, porque eu era o tipo de pessoa que queria as coisas do meu jeito. Eu era como um cavalo selvagem que precisa ser amansado para que possa ser útil a qualquer pessoa. Eu lutei com a vida por muito tempo, até que finalmente entreguei "meu caminho" ao Senhor.

Embora tenha sido difícil desistir da minha vontade, aprendi a simplesmente acreditar que, se as coisas não aconteceram como eu tinha planejado ou desejado, era porque Deus tinha um propósito mais alto em mente. É o que Ele diz em Isaías 55.9: "Porque, assim como os céus são mais altos do que a terra, assim são os meus caminhos mais altos do que os vossos caminhos, e os meus pensamentos, mais altos do que os vossos pensamentos".

Em vez de lutar continuamente, sempre tentando fazer arranjos para conseguir do meu jeito, eu aprendi a fazer a mesma oração de Moisés: "Agora, pois, se achei graça aos teus olhos, rogo-te que me faças saber neste momento o teu caminho..." (Êx 33.13).

Apenas tente exercitar-se em ser totalmente desinteressado em si próprio, mesmo que seja por um dia, e você descobrirá rapidamente que desafio isso representa.

A carne é forte, mas o Espírito é mais forte. O Espírito Santo vive em nosso espírito, e se nos alimentarmos da Palavra de Deus e gastarmos tempo em sua presença, em oração e comunhão, Ele nos capacitará a andar em seu fruto.

Eu, com certeza, estou feliz, pois o que é impossível ao homem é possível a Deus (Mt 19.26).

O AMOR NÃO SE RESSENTE DO MAL

"O amor não se ressente do mal [não presta atenção à injustiça sofrida]" (1 Co 13.5).

O amor perdoa; ele não guarda rancor. Não é melindroso, não se ofende facilmente, não é mal-humorado ou rancoroso. Algumas pessoas ficam magoadas por tudo. É muito difícil manter um relacionamento com pessoas assim. A susceptibilidade precisa ser superada. Repetindo, ela nos mantém centrados em nós mesmos e no que os outros fazem o deixam de fazer a nós.

Todo dia temos muitas oportunidades de nos ofendermos, e, toda vez que isso acontece, temos de fazer uma escolha. Se decidirmos viver pelos nossos sentimentos, jamais fluiremos nessa faceta extremamente importante do amor.

Certa vez, li que noventa e cinco por cento das vezes em que as pessoas ferem nossos sentimentos não era isso que elas pretendiam fazer. Nós sempre supomos que as pessoas estão nos atacando. A verdade, porém, é que, na maioria das vezes, elas não estão nem mesmo interessadas em nós, quanto mais passando noites em claro tentando encontrar formas de nos ofender.

Se não perdoarmos rapidamente, mas guardarmos registros de como os outros nos machucaram, mais cedo ou mais tarde a lista ficará tão longa que não conseguiremos mais manter um relacionamento com aquelas pessoas.

Esse tipo de susceptibilidade, mal-humor e ressentimento é o que causa muitos divórcios. Recentemente, li uma pesquisa que fez uma estimativa de que, atualmente, cinqüenta por cento dos primeiros casamentos[1] e sessenta por cento dos segundos casamentos[2] acabam em divórcio. Isso não aconteceria se as pessoas aprendessem as facetas do amor e as executassem.

O egoísmo está levando muitos casamentos ao juizado de família, da mesma maneira que a falta de perdão. A maioria dos melhores "guardadores de registros" são pessoas com um problema de orgulho. Eles somam tudo o que os outros fazem de errado, mas deixam de perceber que, em muitas situações, eles fazem as mesmas coisas pelas quais estão julgando os outros (Rm 2.1).

Nos primeiros anos do nosso casamento, cada vez que eu e Dave começávamos uma discussão eu trazia à tona tudo o que ele já havia feito para me desagradar desde o primeiro dia. Isso absolutamente o surpreendia. Ele dizia: "Eu não posso nem me lembrar disso. Onde você guarda toda essa informação?"

Como eu era incapaz de simplesmente perdoar e abrir mão de qualquer ofensa, eu a guardava em mim, meditava nela regularmente e me recordava dela rapidamente quando eu precisava de alguma munição para fazer com que Dave se sentisse mal.

Na verdade, eu me achava cheia de veneno. Eu estava tentando ter um relacionamento com Deus, sem perceber que eu precisava deixar minhas ofertas no altar quando eu ia adorar, até que as ofensas que existiam entre mim e meu companheiro fossem removidas (Mt 5.23,24). A oração era uma perda de tempo para mim, porque minha fé não funcionava enquanto eu me recusasse a perdoar aos outros (Mc 11.24-26).

A amargura torna amargos nossa vida, nossas atitudes, nossas palavras e pensamentos. Nós nos ressentimos das bênçãos daqueles a quem não perdoamos. Nós até mesmo ficamos zangados com Deus algumas vezes, porque ele os está abençoando, quando nós achamos que Ele deveria estar punindo-os.

"Deixe-as cair, abandone-as e deixe-as ir" é o que a Bíblia Ampliada diz que devemos fazer com as ofensas (Mc 11.25). É importante perdoar rapidamente. Quanto mais rápido o fazemos, mais fácil é. Uma erva daninha que tem raízes profundas é mais difícil de ser arrancada do que uma que acabou de brotar.

Deus é amor e Ele perdoa e esquece. Se quisermos ser como o Senhor, temos de desenvolver o mesmo hábito.

Todos aqueles com quem mantemos um relacionamento nos machucarão algumas vezes. É impossível que não o façam. Nós devemos nos lembrar de que somos seres humanos e não colocar pressão em um outro para ser absolutamente perfeito. Deus nos perdoa e fica alegre em fazer isto:

"Não nos trata segundo os nossos pecados, nem nos retribui consoante as nossas iniqüidades. Pois quanto o céu se alteia acima da terra, assim é grande a sua misericórdia [e bondade] para com os que [reverente e respeitavelmente] o temem. Quanto dista o Oriente do Ocidente, assim [para tão longe] afasta de nós as nossas transgressões" (Sl 103.10-12).

Vamos seguir a direção do Senhor e chegar ao ponto em que é quase impossível nos ofenderem.

Não quero desperdiçar mais tempo ficando irritada; não vale a pena. Estou no ponto da minha vida em que já vivi mais anos do que tenho para viver. Não pretendo desperdiçá-los sendo melindrosa, mal-humorada nem rancorosa.

E você?

O AMOR SEMPRE ACREDITA NO MELHOR DE CADA UM

"[O amor] tudo sofre [suporta qualquer coisa e tudo o que vem], tudo crê [está sempre pronto a acreditar no melhor de cada pessoa], tudo espera [suas esperanças não se desvanecem debaixo de qualquer circunstância], tudo suporta [sem enfraquecer]" (1 Co 13.7).

Essa faceta do amor é o que nos capacita a andar de acordo com a característica anterior.

Só conseguiremos nos sentir ofendidos se desejarmos acreditar no melhor daqueles que nos têm ferido. Podemos escolher acreditar no pior (que eles fizeram de propósito o que nos machucou), ou podemos escolher acreditar no melhor (que eles não tiveram a intenção da forma como percebemos).

Nossos pensamentos parecem ir mais ou menos assim: "E se eu acreditar no melhor e eles realmente me machucaram de propósito? Se for assim, é claro que eu quero que eles paguem por isso". O que mais tem me ajudado nessa área é a compreensão de que, de fato, eu sou a mais beneficiada ao escolher acreditar no melhor de cada um, mesmo que eu esteja errada em minha avaliação deles. Uma pessoa sábia faz o que pode para se ajudar, a fim de tornar sua vida mais agradável. Sentir-se ofendido, na verdade, jamais prejudica o ofensor; apenas torna infeliz aquele que foi ofendido. Freqüentemente o ofensor está fora, em algum lugar, divertindo-se, e nem mesmo está consciente de que ofendeu alguém.

Quanto mais rápido aprendermos a entregar pessoas e situações ao Senhor, mais rápido poderemos começar a desfrutar de uma vida pacífica e frutífera. Deus é o nosso vingador; nós não podemos nos vingar (defender ou justificar) a nós mesmos. Quando tentamos, apenas tornamos as coisas piores. Quem quer que nos magoe pode não ser capaz de nos compensar, mas Deus pode – e o fará se confiarmos nele. Uma parte de confiar é obedecer ao seu mandamento para perdoar:

"Ora, nós conhecemos aquele que disse: A mim pertence a vingança [a retribuição e a execução da justiça completa está em mim]; eu retribuirei [eu vou exigir compensação, diz o Senhor]. E outra vez: O Senhor julgará [e determinará e resolverá e estabelecerá a causa e os casos do] seu povo. Horrível [pavoroso e terrível] coisa é cair [incorrer nas penalidades divinas e ser lançado] nas mãos do Deus vivo" (Hb 10.30,31).

Vamos começar a nos comportar como se acreditássemos na Bíblia. Nela Deus nos diz repetidamente o que fazer a respeito dos nossos inimigos – ame-os, ore por eles, abençoe-os e não os amaldiçoe, entregue as situações a ele e ele trará justiça (Lc 6.35; Mt 5.44).

Nós dependemos de nossos sentimentos. Quando somos ofendidos, dizemos: "Você feriu meus sentimentos."

Isso é perfeitamente correto; nossos sentimentos foram feridos, mas não precisamos viver pelos nossos sentimentos. Sentimentos adversos sempre aparecerão querendo governar nossa vida, mas, graças a Deus, temos o fruto do domínio próprio. A carne não tem de nos controlar; podemos (através do poder do Espírito Santo) controlá-la.

Semeie misericórdia e colherá misericórdia; semeie julgamento e colherá julgamento. Comece semeando perdão. Algum dia, você pode precisar de perdão.

O AMOR NÃO SE ALEGRA COM A INJUSTIÇA E A MALDADE

"Não se alegra com a injustiça [e a maldade], mas regozija-se com a verdade [quando o direito e a justiça prevalecem]" (1 Co 13.6).

O amor sofre com a injustiça. Ele sempre quer o que é justo e correto. Ele suspira por justiça, não apenas para si próprio, mas especialmente para os outros.

Eu não gosto de ver as pessoas sendo maltratadas. Eu sofri muito em minha vida e sei como é isso.

Deveríamos cuidar dos outros e da sua dor, orar por eles e fazer o que pudermos para aliviar seu sofrimento. O amor não é insensível; ele não pode olhar para situações injustas e, simplesmente, não se preocupar nem fazer nada.

A mentalidade mundana do tipo "Não me incomode com isso; esse problema é seu" não tem lugar na vida dos cristãos. É óbvio que não podemos, física ou financeiramente, resolver o problema de todo mundo, mas podemos nos importar. Nós podemos trabalhar com o Espírito Santo para ter certeza de que nosso coração não se torne endurecido por toda a violência e injustiça à nossa volta.

Continuamente a televisão traz, para dentro das nossas salas de estar, assassinatos, estupros, acidentes, crianças morrendo de fome e toda atrocidade ímpia. Devemos nos guardar para não nos tornarmos tão acostumados com isso que não mais nos atinja em nossos sentidos. O amor não se regozija quando a maldade prevalece. Estou angustiada por toda nossa sociedade hoje. Almejo por ver ações corretas, governos justos, excelência, integridade, perícia profissional, qualidade, casamentos duradouros, crianças que são amadas e cuidadas adequadamente, etc. Oro para que jamais me acostume tanto ao jeito como as coisas estão que comece a ir correnteza abaixo com elas.

Ouvir sobre um assassinato violento não nos afeta da mesma maneira que o fazia trinta anos atrás. Dave diz que, quando ele era menino, sua família ouviu pela primeira vez sobre um garoto que vendia jornais que havia sido roubado. Todos ficaram horrorizados por tal coisa ter acontecido. Hoje nós podemos pensar: "Roubado? Isso foi tudo? Ele tem sorte de não ter sido morto!"

Deus é amor e Ele ama a justiça (saber que você está correto com Deus – agindo corretamente, falando corretamente, etc.), portanto, aqueles que andam em amor devem também amar a justiça. O Salmo 97.10 declara que, se nós amamos o Senhor, devemos odiar o mal. Aqueles que amam a justiça são freqüentemente perseguidos por causa dela – Jesus foi, e não estamos acima do nosso Mestre (Mt 10.24).

Você pode trabalhar em um ambiente cheio de maldade e injustiça, linguagem profana, fofoca, ódio, inveja, avareza, relacionamentos imorais, etc. Se você tomar uma posição pela retidão, pode ser ridicularizado, tornar-se alvo de comentários maldosos ou até mesmo ser totalmente rejeitado. Mas o amor nunca falha. Mantenha-se andando em amor, odiando a injustiça e a maldade, e o favor de Deus virá sobre sua vida de uma forma surpreendente, como o Senhor prometeu: "Bem-aventurados os que têm fome e sede de justiça, porque serão fartos" (Mt 5.6).

Não odeie as pessoas más, apenas seus maus caminhos. Deus odeia o pecado, mas ama os pecadores. Não faça concessões nem se rebaixe ao nível dos outros, apenas para ganhar o favor deles. O favor de Deus é tão maravilhoso! Ele não pode ser comparado ao favor do homem.

Lemos na Bíblia sobre pessoas devotas, tais como Daniel e José, que tiveram o favor de Deus em suas vidas.

Daniel estava rodeado por pessoas más e injustas, mas ele se recusou a fazer concessões. Ele amava a justiça, e Deus lhe deu favor, o que o levou a tornar-se um poderoso oficial do governo no reino da Babilônia (Dn 1.2,6).

José foi maltratado. Apesar disso, manteve a integridade. Ele amava a justiça. José não odiava os irmãos, mas odiava o que eles lhe haviam feito. Deus lhe deu favor, e ele elevou-se a uma posição de poder no Egito, abaixo apenas à de Faraó (Gn 37; 39-41).

Nesse exemplo, o Egito poderia representar o mundo secular, e Faraó, o chefe. Quando Deus o promover, seus colegas de trabalho não mais rirão de você.

O AMOR NUNCA FALHA

O amor do tipo divino se mantém firme em qualquer circunstância. Ele suporta tudo sem se enfraquecer. É determinado a não desistir nem mesmo na situação mais difícil. O indivíduo presunçoso, que persiste em ser mesquinho, pode, finalmente, ser derretido pelo amor.

É difícil continuar demonstrando amor a alguém que jamais parece apreciá-lo ou mesmo responder a ele. É difícil continuar demonstrando amor àqueles indivíduos que tomam de nós tudo o que estamos desejando dar, mas que jamais dão qualquer coisa em retorno.

Não somos responsáveis pela forma como os outros agem, apenas pela forma como agimos. Nossa recompensa não vem do homem, mas de Deus. Mesmo quando nossas boas ações parecem passar despercebidas, Deus as nota e promete nos recompensar publicamente: "Para que a tua esmola fique em secreto; e teu Pai, que vê em secreto, te recompensará [publicamente]" (Mt 6.4).

Se uma pessoa renuncia e desiste da tarefa que Deus lhe designou porque ninguém a está notando, ela não está servindo a Deus de coração puro. Se uma mulher, por exemplo, sente que Deus quer que ela trabalhe no berçário da igreja toda semana, mas renuncia dois meses mais tarde porque nenhuma mãe nem mesmo lhe agradeceu, ela não estava fazendo o trabalho por amor a Deus e aos outros, mas para atrair amor para si mesma.

Às vezes, é difícil aceitar esse tipo de honestidade; mas, apesar disso, é verdade. Jamais devemos desistir, porque as exigências do amor são muito difíceis.

Estou muito contente porque Deus não desistiu de mim. Como ele poderia? Ele é amor, e o amor jamais desiste. Está sempre lá, no lugar certo, fazendo seu trabalho. O amor sabe que, se não desistir, no final conquistará a vitória.: "E não nos cansemos de fazer o bem [nem desanimemos ou fraquejemos em agir nobremente e fazer o que é certo], porque a seu tempo [e na estação certa] ceifaremos, se não desfalecermos [nem afrouxarmos ou relaxarmos nossa coragem]" (Gl 6.9).

Percebo que, independentemente do que façamos, algumas pessoas podem se recusar a receber nosso amor. Elas tratam a Deus da mesma maneira. Isso não significa que o amor falhou. O amor nos mantém em pé. Ele nos dá alegria. É agradável a Deus quando andamos em amor. O amor tem resultados mais positivos do que qualquer outra coisa.

Não falhe em andar em amor, porque o amor jamais falha!

AMOR INCONDICIONAL

"Porque eu estou bem certo [persuadido sem sombra de dúvida] de que nem a morte, nem a vida, nem os anjos, nem os principados, nem as coisas do presente [nem coisas iminentes e ameaçadoras], nem do porvir, nem os poderes, nem a altura, nem a profundidade, nem qualquer outra criatura [nem qualquer coisa mais em toda a criação] poderá separar-nos do amor de Deus, que está em Cristo Jesus, nosso Senhor."

Rm 8.38,39

Para entender inteiramente todas as diferentes facetas do amor, precisamos falar sobre dois tipos de amor: o divino e o humano. O amor do homem falha, desiste; mas o amor de Deus, não. O amor do homem é finito, chega a um fim; mas o amor de Deus é infinito e eterno. O amor do homem depende de comportamentos e circunstâncias favoráveis; o amor de Deus, não. As pessoas colocam condições em seu amor, mas o amor de Deus é incondicional.

O AMOR É INCONDICIONAL

"Mas Deus [mostra e] prova [claramente] o seu próprio amor para conosco pelo fato de ter Cristo [o Messias, o Ungido] morrido por nós, sendo nós ainda pecadores" (Rm 5.8).

De acordo com a Palavra de Deus, Ele nos amou antes que o mundo fosse formado, antes que nós o amássemos ou crêssemos nele ou tivéssemos feito qualquer coisa – boa ou má.

Deus não exige que trabalhemos para ganhar seu amor, e não devemos exigir que os outros trabalhem para ganhar o nosso. Precisamos perceber que o amor é algo em que devemos nos transformar; não é algo que fazemos ou deixamos de fazer. Não podemos ligá-lo e desligá-lo, dependendo de quem desejamos amar e de como estão nos tratando.

Como crentes em Jesus Cristo, o amor que devemos manifestar ao mundo é o incondicional *amor de Deus* fluindo através de nós para os outros. Não recebemos o amor de Deus para, depois, tentar dar-lhes o nosso. Nosso amor tem condições e limites; o dele, não.

Amar as pessoas incondicionalmente é um desafio muito grande. Eu seria tentada a dizer que é impossível. Contudo, como Deus nos diz para fazer isso, com certeza Ele deve ter uma maneira de o fazermos. Ele jamais ordena que façamos algo e, depois, nos deixa sozinhos. Ele não nos joga a bola, por assim dizer, e fala: "Agora você faz o gol". Sua graça (seu poder, habilidade e favor, como dissemos antes) é suficiente para nós (2 Co 12.9). Isso significa que Ele nos capacita para fazer o que nos chamou para fazer.

Algumas vezes, oramos para sermos capazes de amar o pouco amável e, a seguir, fazemos o nosso melhor para evitar cada pessoa desagradável que Deus coloca no nosso caminho. Algumas pessoas são colocadas em nossas vidas com o único propósito de serem lixa para nós. Não apenas os outros têm bordas ásperas; nós também temos. Aprender a andar em amor com pessoas desagradáveis e aprender a ser pacientes em provações são provavelmente as duas ferramentas mais importantes que Deus usa para desenvolver nossa maturidade espiritual.

Acredite ou não, todas aquelas pessoas detestáveis em nossa vida nos ajudam. Elas nos lixam e nos refinam para que Deus possa nos usar.

O AMOR ESTÁ ALÉM DO MERO CONHECIMENTO

"... e [que vos realmente venhais a] conhecer [na prática, através da experiência, por vocês mesmos] o amor de Cristo, que excede todo entendimento [sem experiência]..." (Ef 3.19).

Não podemos entender o amor do tipo divino com nossas mentes. Como vimos em Efésios 3.19, ele excede o mero conhecimento. Freqüentemente, ele parece injusto. Se tentarmos chegar a uma conclusão sobre ele, é certo que o perderemos. Não consigo encontrar nenhuma razão por que Deus deveria me amar e me usar no seu reino. Se eu procurar por razões para amar os outros, eu provavelmente não encontrarei um grande número de pessoas a quem eu possa amar. Mas Deus não age desse jeito. O Senhor não procura pessoas que merecem seu amor. Seu amor é incondicional. Ele busca pessoas que necessitam do seu amor. Por isso é que ele me escolheu – e a você.

O amor incondicional ama altruísticamente pessoas egoístas, dá generosamente a pessoas avarentas e abençoa continuamente as pessoas ingratas. O amor incondicional tem olhos de longo alcance. Ele vê o que as pessoas podem se tornar se apenas alguém as amar. É mais forte que qualquer outra coisa. Ele pode penetrar e trazer a cura a lugares que nenhuma medicina natural poderia jamais alcançar.

Foi o amor de Deus, definitivamente, que superou o mal em minha vida, que me transformou e me atraiu para um profundo relacionamento com Ele. É esse mesmo amor fluindo através de nós aos outros que os transformará.

Amar as pessoas incondicionalmente é algo bom, e, de acordo com Romanos 12.21, é com o bem que devemos vencer o mal. A mudança leva tempo, e devemos estar dispostos a sofrer com o outro através desses tempos difíceis de sermos transformados.

Como Dave me amava incondicionalmente, ele desejava sofrer comigo enquanto Cristo estava me mudando. Eu jamais tinha visto amor verdadeiro. E nem mesmo sabia o que era. Todos os que disseram que me amavam me feriram e me usaram. Eu precisava ver o amor; apenas ouvir as palavras não era o suficiente.

A maioria das pessoas que são difíceis de serem amadas sofreu tanta dor ao longo da estrada da vida que isso alterou a personalidade delas. Por fora, podem parecer duras e amargas, mas, por dentro, estão implorando por amor. Esse era o meu caso. Por fora, eu agia como se não precisasse de ninguém. Entretanto, por dentro, estava faminta de amor.

O AMOR É IMUTÁVEL

"Porque eu, o Senhor, não mudo..." (Ml 3.6).

Amor real e amor de Deus são a mesma coisa o tempo todo; Ele jamais muda. Apenas é!

Não é de admirar que, quando Moisés perguntou a Deus o que deveria dizer aos israelitas quando lhe perguntassem quem o havia mandado a Faraó, Deus respondeu: "Eu Sou..." (Êx 3.13,14)

Estou mais do que disposta a admitir que ainda não cheguei a essa área de amor incondicional, mas certamente desejo aprendê-lo e creio que você também o deseja. Como seres humanos, parece que estamos sempre mudando; devemos aprender a ser mais estáveis.

A estabilidade é um traço que comecei a notar em Dave depois que nos casamos. Eu jamais havia realmente convivido com pessoas estáveis. Dave era o mesmo em todo lugar, todo o tempo. Ele não era de um jeito quando saía para o trabalho pela manhã e de outro jeito quando voltava do trabalho à noitinha. As circunstâncias não alteravam o seu comportamento.

Ele não chegava em casa e tratava a mim e às crianças mal se os outros o tivessem maltratado durante o dia. Ficar em um trânsito engarrafado por duas horas não o tornava mal-humorado. Sentir-se fisicamente mal não o tornava mal-humorado. Até mesmo quando eu ficava mal-humorada, isso raramente o tornava mal-humorado. Ele era sempre igual.

Deus havia trabalhado com Dave nos anos anteriores ao nosso casamento e tinha desenvolvido a estabilidade em seu caráter. A estabilidade deve ser trabalhada em nós. À medida que caminhamos e caminhamos em volta das mesmas montanhas na vida, finalmente aprendemos a não deixar que nos aborreçam. Então, e somente então, somos candidatos a demonstrar o amor de Deus a um mundo necessitado.

Se não aprendermos a permanecer estáveis durante circunstâncias difíceis, não seremos capazes de mostrar estabilidade com as pessoas difíceis.

O AMOR CORRIGE E DISCIPLINA

"Porque o Senhor corrige [e disciplina a todos] a quem ama..." (Hb 12.6).

Mesmo que o verdadeiro amor seja incondicional, há muitas coisas na vida que devem obedecer a certas condições.

Nossos funcionários recebem um aumento de salário a cada ano, se eles desempenharem suas atividades bem e forem o que eu chamo "funcionários de baixo custo de manutenção". Se eles não tiverem um desempenho adequado, se chegarem atrasados ou faltarem, se pedirem constantemente por benefícios fora das normas de procedimento da companhia, se precisarem ser chamados a atenção freqüentemente sobre ligações telefônicas pessoais excessivas, etc., eles não recebem um aumento, mas uma advertência. Se o mau comportamento deles fosse premiado, jamais aprenderiam a se comportar melhor.

Se um aluno não fizer o trabalho escolar, recusar-se a estudar e perder aulas regularmente, ele não será promovido para o próximo nível. Se isso acontecesse, ele manteria todos aqueles maus hábitos a vida toda.

Correção e disciplina não são evidências de falta de amor. Para dizer a verdade, o desejo de corrigir e disciplinar adequadamente é um sinal de amor.

No início do nosso ministério, quando minha caminhada em amor era menos desenvolvida, eu não era tão paciente como sou agora. Se alguém realmente me irritasse, eu afirmaria em voz alta, para o Dave ou para o nosso gerente geral, como eu lidaria com a situação:

"Vou lhe dizer, não vou mais tolerar isso! Até amanhã de manhã essa pessoa não terá mais um trabalho!"

Depois de ter explodido e me acalmado, Deus me dizia que eu não iria fazer nada do que dissera. Na verdade, o Senhor me dizia que eu iria corrigir aquela pessoa em amor e dar-lhe outra oportunidade, exatamente como Ele havia feito comigo por tantos anos.

Se for possível, o amor trabalha através dos problemas com as pessoas.

Agora mesmo há pessoas em nossa companhia que eu teria demitido dois meses depois que começaram a trabalhar se Deus não tivesse me impedido, especialmente nos primeiros tempos do meu ministério. Atualmente, muitas daquelas pessoas são alguns dos nossos mais valiosos funcionários.

Todos nós temos possibilidades; simplesmente precisamos de alguém que trabalhe conosco. Muitos de nós somos teimosos e não desistimos imediatamente. Por essa razão, o amor deve ter uma atitude de longo alcance. Ele deve desejar investir e, freqüentemente, por longos períodos de tempo, sem retorno visível do investimento.

Dave me amou incondicionalmente por muitos anos, antes mesmo que eu quisesse mudar. Na maioria daqueles anos, eu achava que todo mundo tinha um problema, exceto eu. Na verdade, achava que Dave era moleirão, porque ele não era combativo. Agora sei que pessoas fracas são combativas; pessoas fortes andam em amor.

Dave foi o melhor homem que eu jamais poderia encontrar em minha vida e quase o perdi a certa altura do nosso relacionamento por causa do meu jeito obtuso, teimoso e impiedoso. O Senhor me concedeu exatamente o que eu precisava quando ele me deu Dave Meyer. Pode ser que lhe tenha sido dado exatamente o que você precisa também, mas você simplesmente necessita reconhecer isso. Ou talvez você esteja em um relacionamento com alguém que precisa de você. Você pode ser a pessoa forte e o seu companheiro pode precisar receber amor incondicional de você. Se for assim, faça-o por Jesus. Faça-o porque Ele fez isso por você. Faça-o alegremente e de boa vontade. Peça-lhe força para fazê-lo e, acima de tudo, lembre-se de que o amor verdadeiro, o amor incondicional, o amor do tipo divino, jamais falha.

O AMOR VENCE E TRANSFORMA

"Não te deixes vencer do mal, mas vence o mal [controlador] com o bem" (Rm 12.21).

Um indivíduo mesquinho e mau pode ser completamente transformado por doses regulares e persistentes do amor de Deus. Como as experiências religiosas das pessoas em muitos casos lhes foram insatisfatórias, elas jamais entraram em um relacionamento com Jesus suficientemente pessoal para que começassem a receber seu amor curativo e transformador.

Freqüentemente, a religião dá às pessoas regras para seguir e leis para obedecer. Ela pode até mesmo levá-las a acreditar que elas devem ganhar o amor e o favor de Deus através de boas obras. Isso é exatamente o oposto dos ensinamentos bíblicos.

A Palavra de Deus diz: "Nós o amamos, porque ele nos amou primeiro (1 Jo 4.19 – ARC) e que "a misericórdia triunfa sobre o juízo" (Tg 2.13). É a bondade de Deus que leva os homens ao arrependimento (Rm 2.4), não o guardar leis e regras.

Muitas vezes, as organizações religiosas dizem às pessoas o que fazer, mas deixam de lhes ensinar como fazer. Muitas pessoas experimentaram a religião e descobriram que ela não os transformou nem as suas vidas em nenhum aspecto.

Jesus falava contra os líderes religiosos do seu tempo. Ele dizia coisas muito sérias sobre eles – e para eles.

"Atam fardos pesados e difíceis de carregar e os põem sobre os ombros dos homens; entretanto, eles mesmos nem com o dedo querem movê-los" (Mt 23.4).

"Ai de vós, escribas e fariseus, hipócritas [fingidos], porque dais o dízimo da hortelã, do endro e do cominho e tendes negligenciado [e omitido] os preceitos mais importantes [de maior peso] da Lei: [o direito], a justiça, a misericórdia e a fé; devíeis, porém, fazer estas coisas [particularmente], sem omitir aquelas!" (Mt 23.23).

"Ai de vós, escribas e fariseus, hipócritas [fingidos], porque sois semelhantes aos sepulcros caiados, que, por fora, se mostram belos, mas interiormente estão cheios de ossos de [homens] mortos e de toda imundícia!" (Mt 23.27).

Quando uso o termo "religião", não estou jogando pedras em nenhuma denominação em particular ou igreja independente. Qualquer uma dessas pode ter "pessoas religiosas". Para falar a verdade, todas elas têm.

Jesus não veio para dar uma religião aos homens; eles já tinham isso antes de Ele vir. O Senhor veio para dar ao homem um profundo relacionamento pessoal com o Pai, através dele.

As pessoas precisam de um relacionamento com Deus, não de uma religião.

Se um rapaz está em uma prisão porque jamais conheceu o amor de um pai, nunca teve um relacionamento com o pai, como a religião (seguir regras e normas) irá ajudá-lo? Seu próprio pai provavelmente tinha muitas regras e normas, mas jamais dedicou tempo suficiente a um relacionamento com o jovem para ensinar-lhe como mantê-las. Simplesmente dizer às pessoas o que fazer não é suficiente; nós devemos mostrar-lhes. Lamento dizer que muitas das pessoas religiosas que tenho conhecido não me mostraram amor. Pelo contrário, manifestaram rejeição, crítica e julgamento.

As pessoas religiosas amam condicionalmente; amam os que são exatamente como elas. Qualquer um que é diferente delas as amedronta. Elas não podem amar o jovem com cabelo longo e *jeans* largos com buracos nos joelhos. Elas lhe dizem que ele precisa mudar para ser parte do grupo delas. Elas não podem amar a ex-prostituta que acabou de receber a Jesus como Salvador, mas ainda não aprendeu a se vestir adequadamente.

As pessoas religiosas querem que todos "arrumem a vida completamente". O problema é que a definição de "arrumar a vida" difere amplamente. Algumas querem que você corte o cabelo, enquanto outras lhe dizem que, se cortar o cabelo, estará vivendo em pecado. Algumas querem que você se arrume da melhor maneira, enquanto outras dizem que, se você quiser se arrumar bem, você é vaidoso ou vaidosa. Elas são todas diferentes, mas raramente qualquer uma delas aceita os outros como eles são. Elas não sabem como odiar o pecado e amar os pecadores.

Odeio uma postura religiosa porque é sempre cheia de orgulho, crítica e julgamento.

Como eu disse no início deste capítulo, muitas pessoas necessitadas experimentaram a religião e descobriram que é uma experiência sem sentido. Elas pensavam que, indo a alguma igreja no domingo pela manhã, encontrariam a Deus. Algumas igrejas são cheias de Deus; mas, é triste dizer, outras, não.

Entristece-me pensar em quantas pessoas estão procurando por respostas seculares para seus problemas, simplesmente porque elas tentaram a religião e foram recebidas com regras, leis, rejeição, julgamento e nenhum amor.

O amor incondicional não permite que as pessoas permaneçam as mesmas; em vez disso, ele as ama enquanto elas estão mudando. A ex-prostituta precisa aprender a se vestir de uma maneira adequada, mas, se ela se sentir rejeitada antes de aprender, ela poderá correr de volta para o velho estilo de vida. O homossexual que quer desesperadamente ser livre deve se sentir amado e aceito enquanto estiver se libertando da escravidão.

O amor incondicional vencerá o pecado e transformará vidas.

Um bom amigo meu, o Pastor Don Clowers, de Dallas, Texas, contou-me uma história triste com um final impressionante.

Muitos anos atrás, um jovem participou de um de seus acampamentos e fez uma profissão de fé no altar. O jovem era homossexual e, embora tivesse aceitado a Cristo como Salvador, continuava a cair em seu antigo estilo de vida. Ele queria verdadeiramente ser liberto, mas seu estilo vicioso de vida exercia uma forte influência em sua mente e emoções.

As pessoas que estão arrependidas e querem sinceramente ser libertas são totalmente diferentes daquelas que querem que os outros simplesmente as aceitem e ao seu estilo de vida pecaminoso.

O Pastor Clowers começou a sentir que Deus queria que ele e sua esposa levassem o rapaz para a casa deles e o deixassem viver lá enquanto ele estava nesse processo de libertação. Eles o mantiveram lá por um ano. Oraram por ele, aconselharam-no, o amaram incondicionalmente, o corrigiram e o ajudaram de todas as maneiras que sabiam. Durante esse ano, ele caiu em pecado umas poucas vezes, mas eles persistiram em trabalhar com ele, porque podiam ver que era sincero em seu desejo de se libertar. Hoje, aquele rapaz está casado e é pastor em uma boa igreja – foi totalmente liberto.

Não acredito que um tipo de religião que não incluísse amor incondicional pudesse ter feito aquilo.

Jesus disse que não veio para os sãos, mas para os doentes (Mt 9.12). Nosso mundo hoje está doente da cabeça aos pés e não há resposta para o que o aflige, exceto Jesus Cristo e tudo o que Ele representa.

Deus ama todas as pessoas, mas muitas delas talvez nunca venham a saber disso, a menos que os cristãos em toda parte comecem a orar e pedir ao Senhor para reduzi-los ao amor.

O AMOR É IMPARCIAL

*"Então, falou Pedro, dizendo: Reconheço [percebo e compreendo],
por verdade [e inteiramente], que Deus não faz acepção de pessoas
[não mostra parcialidade]."*

At 10.34

Se o amor é incondicional, então ele não deve mostrar parcialidade.

Isso não quer dizer que não podemos ter amigos especiais ou que não podemos nos envolver com algumas pessoas mais do que com outras. Significa que nós não podemos tratar algumas pessoas de um jeito e outras de outro. Nós não podemos ser bondosos com aqueles que são bons amigos nossos e não nos preocuparmos com a forma com que tratamos aqueles que não são de interesse ou importância para nós.

Conheço muitas pessoas com as quais eu não teria interesse em manter um relacionamento pessoal profundo, porque sei que, por uma razão ou outra, isso não seria frutífero para nenhum de nós. Isso não quer dizer que elas são más; significa apenas que um relacionamento casual entre nós seria melhor do que um relacionamento mais próximo.

Todos nós precisamos de certas coisas de nossos amigos próximos e nem todas as pessoas são capazes de nos dar isso. Deus tem o que chamo de "conexões divinas" para todos nós – pessoas que estão "na mesma sintonia" que nós. Deus tem colocado muitas pessoas assim em minha vida, e as aprecio muito. Mas Ele também tem me ensinado a tratar a todos com respeito, a fazer com que se sintam valorizados, a ouvir-lhes quando estão falando comigo e a não julgá-los de uma forma crítica.

Nosso caminhar de amor pode ser facilmente observado através da forma com que tratamos as pessoas que não nos podem fazer nenhum bem, com as quais não estamos interessados em desenvolver um relacionamento.

Lembro-me de um incidente em que Deus me ensinou uma lição nessa área. Eu havia levado nosso filho ao médico para remover o gesso do braço que ele havia quebrado. Enquanto eu estava esperando, um senhor idoso sentou-se ao meu lado. Ele queria conversar, mas eu desejava ler. Ele ficou me contando como havia caído no gelo e machucado a perna e como o médico o havia ajudado.

Devo admitir que só queria que ele ficasse quieto. Eu realmente não prestei nenhuma atenção a ele e não lhe mostrei nenhum respeito. Eu estava um pouco consciente de que ele se encontrava solitário e provavelmente havia muito poucas pessoas com quem conversar, mas eu não estava querendo ser a sua bênção naquele dia.

O Espírito Santo falou ao meu coração:

"Como você trataria este homem se ele fosse um pregador famoso que você gostaria de conhecer?"

Aquelas palavras cortaram meu coração. Imediatamente, reconheci que deveria prestar atenção a cada palavra, sorrir, elogiar e fazer todos os tipos de coisas para que eu pudesse estabelecer um relacionamento – resumindo, todas as coisas que eu *não* estava fazendo por aquele homem que nada significava para mim.

Esse tipo de comportamento não é aceitável para quem deseja ser reduzido ao amor.

Naquela época, eu estava orando sobre andar em amor, mas, na verdade, não estava nem perto de perceber o que aquilo significaria para minha vida e meu comportamento. Freqüentemente, amar os outros exige sacrifício. Requer que coloquemos os outros em primeiro lugar, fazendo o que os beneficia e não apenas a nós.

Como vimos anteriormente, a Palavra de Deus diz que o Senhor não é parcial nem faz acepção de pessoas. Em muitas passagens, a Bíblia diz que não devemos fazer acepção de pessoas (ser preconceituosos, mostrar parcialidade ou praticar favoritismo).

O AMOR NÃO FAZ ACEPÇÃO DE PESSOAS

"Pois não há distinção entre judeu e grego, uma vez que o mesmo é o Senhor de todos [sobre todos], rico para com todos [ele generosamente concede suas riquezas a todos] os que o invocam [com fé]" (Rm 10.12).

"Meus irmãos, não tenhais [não tenteis ter e praticar] a fé em nosso Senhor Jesus Cristo, Senhor da glória, em acepção de pessoas [não façais distinção entre as pessoas, não mostreis discriminação, parcialidade]! Se, portanto, entrar na vossa sinagoga algum homem com anéis de ouro nos dedos, em trajos de luxo, e entrar também algum [homem] pobre andrajoso, e tratardes com deferência [prestardes especial atenção ao] o que tem os trajes de luxo e lhe disserdes: Tu, assenta-te aqui em lugar de honra; e disserdes ao [homem] pobre: Tu, fica ali em pé ou assenta-te aqui abaixo do estrado dos meus pés, não fizestes distinção entre vós mesmos e não vos tornastes juízes tomados de perversos pensamentos?" (Tg 2.1-4).

"Se vós, contudo, [realmente] observais a lei régia segundo a Escritura: Amarás o teu próximo como [te amas] a ti mesmo, fazeis bem; se, todavia, fazeis acepção de pessoas [mostrais preconceito, favoritismo], cometeis pecado, sendo argüidos [e condenados] pela lei como transgressores [e ofensores]" (Tg 2.8,9).

Algumas vezes, em nosso ministério, oferecemos lugares especiais a certas pessoas que estão assistindo às conferências, mas não porque elas são ricas ou pobres, bem vestidas ou mal vestidas. Podemos oferecer um lugar especial a um pastor que conhecemos da região, porque a Bíblia diz que devemos honrar a quem honra é devida (Rm 13.7). Ou podemos separar uma área especial para os parentes da nossa equipe de viagem. Essa equipe trabalha muito o ano todo, e essa é uma forma de mostrar-lhes honra e reconhecimento. Mas podemos também providenciar lugares especiais para aqueles em cadeira de rodas, deficientes auditivos ou outros com necessidades especiais.

Não chamamos nossos colaboradores que deram uma grande soma de dinheiro para o ministério e lhes oferecemos lugares especiais, ao mesmo tempo que ignoramos os que são fiéis cada mês com uma pequena oferta.

Para ser sincera, permanecer imparcial exige alguma sondagem na alma. A carne tem tendências para o preconceito e a parcialidade, mas Deus condena tais coisas; portanto, também devemos condená-las.

O AMOR TEM MOTIVOS PUROS

"Examinai-vos [testai-vos, avaliai-vos] a vós mesmos [para ver] se realmente estais na fé [e mostrando os seus frutos]..." (2 Co 13.5).

Apenas Deus e nós, como indivíduos, conhecemos nossos motivos. Algumas vezes, porém, nós mesmos não os conhecemos porque não sondamos nossos corações para descobri-los. Nós podemos facilmente nos acostumar a "fazer" sem perceber *por que* nós estamos fazendo o que estamos fazendo.

Ao longo dos anos, tenho aprendido que Deus está muito interessado com o "porque por trás do o que". Não é, na verdade, o que fazemos que o impressiona, mas sim por que o fazemos. As pessoas podem ficar impressionadas com o que fazemos, mas Deus não, a menos que nossos motivos sejam puros.

Por exemplo, se eu desse um lugar especial a um pastor em uma conferência para honrá-lo, isso seria aceitável a Deus. Se eu lhe desse um lugar preferencial porque eu queria ganhar favor aos seus olhos, Deus não se agradaria porque minha oferta não seria motivada pelo amor (abençoar um servo de Deus), mas pelo egoísmo (ganhar algo para mim mesma).

1 Coríntios 3.13-15 deixa muito claro que não recebemos nenhuma recompensa por atos baseados em motivos impuros:

"Manifesta [conhecida, mostrada o que é] se tornará [pública, aberta] a obra de cada um; pois o Dia [de Cristo] a demonstrará [revelará], porque está sendo revelada pelo fogo; e qual seja a obra de cada um o próprio fogo o provará [testará e avaliará criticamente o caráter e valor do trabalho que cada pessoa fez]. Se permanecer [se sobreviver ao teste] a obra [o trabalho] de alguém que sobre o fundamento edificou [qualquer produto de seus esforços], esse receberá galardão; se a obra de alguém se queimar [debaixo do teste], sofrerá ele dano [em tudo, perdendo sua recompensa]; mas esse mesmo será salvo, todavia, como que [alguém que passou] através do fogo."

Muitos anos atrás, o Espírito Santo fez com que esse texto da Escritura se tornasse real para mim. O princípio que ele ensina tem me ajudado imensamente na minha caminhada com Deus e na minha forma de lidar com outras pessoas.

Se nós, como crentes, pudermos desenvolver uma determinação de viver diante de Deus com motivos puros, isso nos salvará de muita tristeza e sofrimento.

Jesus podia ler o coração das pessoas (Jo 2.24,25). Ele sempre sabia o que estava neles e isso não é diferente hoje. Nós podemos ter sucesso em enganar as pessoas, mas não a Deus.

Agir com um coração puro também nos economiza muito tempo na vida. Gastei muitos anos fazendo, fazendo, fazendo e parecia que a maior parte do que eu fazia nunca dava certo. Custou-me muito tempo para perceber que Deus não abençoará ações feitas com motivações erradas. Ele não responderá orações que sejam feitas com motivações erradas:

"... Nada tendes, porque não pedis; [ou] pedis [a Deus] e não recebeis, porque pedis mal, para esbanjardes em vossos prazeres [com propósitos maus e motivos egoístas]" (Tg 4.2,3).

Se queremos que nosso trabalho tenha algum valor e que nossas orações sejam eficazes, devemos aprender a andar em amor, que não é orgulhoso, antipático ou hostil.

O AMOR NÃO "FORMA PANELINHAS"

"Não negligencieis a hospitalidade [não esqueçais ou recuseis oferecer hospitalidade a visitantes na irmandade – sendo amistosos, cordiais e graciosos, compartilhando os confortos dos vossos lares e fazendo vossa parte generosamente], pois alguns, praticando-a, sem o saber acolheram anjos" (Hb 13.2).

Uma "panelinha" é um grupo exclusivo ao qual nem todos são bem-vindos. Estar "dentro" nos faz sentir importantes, mas estar "fora" pode ser doloroso. Eu percebo que até mesmo a igreja está cheia de panelinhas.

Recentemente, um casal contou-me que haviam tomado parte em um programa de células em determinada igreja por um ano e que foram obrigados a sair devido a assuntos familiares urgentes. Eles estavam deixando a igreja para ir a uma outra porque desde que haviam deixado o grupo, eles estavam sendo tratados de forma diferente. Eles disseram que certa vez eles haviam se sentido dentro, agora eles se sentiam do lado de fora. Parecia que as pessoas não estavam interessadas em estar na companhia deles agora que eles não faziam mais o que o grupo estava fazendo.

Naturalmente, temos mais a conversar com aqueles que estão fazendo a mesma coisa que nós estamos, mas o bom senso exige que não façamos com que os outros se sintam rejeitados porque eles não são parte da nossa panelinha íntima. Precisamos, realmente, desenvolver mais sensibilidade aos sentimentos dos outros.

Esse casal não deixou sua célula porque eles queriam; eles a deixaram porque sentiram que era a direção de Deus para a família deles. Se as pessoas daquela igreja estivessem verdadeiramente "sintonizadas com o Espírito Santo", elas perceberiam que aquele casal se sentiu rejeitado e teve de escolher seguir outro caminho que o fizesse sentir-se aceito.

Se todos na igreja no domingo pela manhã se levantarem e cumprimentarem-se uns aos outros e notarmos um indivíduo sentado num banco, que parece não saber o que fazer, nós devemos assegurar que essa pessoa se sinta bem-vinda. Quando estivermos em uma festa ou reunião de amigos, se todos estiverem conversando e uma pessoa estiver em pé, sozinha do outro lado da sala, nós devemos fazer um esforço especial para incluir aquela pessoa no grupo.

Para ser sincera, algumas vezes isso representa trabalho e, quando vamos à igreja para adorar ou saímos para nos divertir, quem dentre nós realmente quer trabalhar? Para muitos de nós, conversar com pessoas que não conhecemos não é confortável. Mas construir relacionamentos é trabalho; exige esforço.

Como crentes no Senhor Jesus Cristo, eu e você somos instruídos pela Palavra de Deus a fazer com que os estranhos se sintam bem-vindos, a ser hospitaleiros com eles e não os maltratarmos de maneira nenhuma. Isso é especialmente importante na igreja.

Fico imaginando quantas pessoas finalmente juntam coragem suficiente para visitar uma igreja no domingo pela manhã, mas jamais voltam porque todo mundo as ignorou. É claro que nem todas as igrejas são frias e negligentes; muitas são calorosas, acolhedoras e amorosas, e estas florescerão. Todos querem ser aceitos, sentir que são bem-vindos e amados.

O Senhor deu aos israelitas instruções específicas para não procederem mal nem oprimir os estrangeiros, lembrando-lhes que eles mesmos haviam sido estrangeiros (Êx 22.21). Todos nós fomos a pessoa novata no trabalho, na escola, na vizinhança ou na igreja. Deveríamos nos lembrar do quanto apreciávamos aqueles que tomavam a iniciativa de serem amistosos conosco. Devemos sempre nos lembrar da regra de ouro: "Como quereis que os homens vos façam, assim fazei-o vós também a eles" (Lc 6.31).

O AMOR SE ESTENDE A TODOS

"De sorte que somos embaixadores em nome de Cristo, como se Deus exortasse por nosso intermédio..." (2 Co 5.20).

No início do meu ministério, em três diferentes ocasiões, escolhi uma senhora em particular na igreja, com quem eu gostaria de fazer amizade. Naquela época eu estava procurando por uma "melhor amiga". Em cada uma dessas vezes eu senti que havia encontrado aquela amiga. Nós fazíamos tudo juntas. Almoçávamos juntas depois dos meus encontros semanais, fazíamos compras e orávamos juntas, falávamos ao telefone, compartilhávamos segredos, etc. Eu não fazia nenhum segredo do fato de que cada uma daquelas pessoas era especial em minha vida.

Em todos os três relacionamentos, acabei ficando ferida e experimentando séria rejeição. Quando perguntei a Deus por que isso continuava acontecendo comigo, Ele me mostrou que eu não poderia ser uma ministra excelente se fizesse de uma pessoa da igreja minha amiga especial e na maioria do tempo excluísse todo o resto. Ele me mostrou como isso fazia com que os outros se sentissem e me pediu para pensar em como me sentiria se alguém estivesse fazendo o mesmo comigo.

Como vimos, é certo ter amigos especiais, mas não devemos ostentar nossas amizades. Não devemos nos comportar de maneira que os outros venham a se sentir que estão em último lugar na nossa lista.

Deus me mostrou que Ele teve de tirar a unção de cada um desses meus três relacionamentos, porque eu estava mostrando parcialidade e, assim, magoava outras pessoas. Eu não estava ferindo as pessoas de propósito; para dizer a verdade, eu realmente nem estava consciente de que minha atitude estava errada.

Estou contente com o que Deus me ensinou nessas áreas. De vez em quando, porém, preciso de um curso de reciclagem para me manter na direção certa. Oro para que o Senhor sempre me deixe saber se minha atitude, ou comportamento, está magoando as pessoas.

Deus pode escolhê-lo e ungi-lo para ser um bom amigo do pastor ou da esposa do pastor, mas é errado usar tal amizade como um ponto de orgulho. *Name-droppers** me irritam. Estão constantemente falando sobre cada pessoa famosa com as quais têm relacionamentos pessoais. Na minha atividade, freqüentemente encontro tais pessoas e elas sempre fazem com que eu me sinta desconfortável.

À medida que meu ministério crescia e eu tinha o privilégio de entrar em contato com muitas pessoas de renome no ministério, freqüentemente me sentia tentada a mencioná-los nos meus sermões. Entretanto, rapidamente, o Senhor me dizia para não fazer isso se o meu propósito era impressionar os outros. Às vezes, é muito difícil sermos sinceros conosco, mas é a verdade que nos torna livres.

Entendendo que Jesus é um amigo mais chegado do que um irmão (Pv 18.24), finalmente decidi deixá-lo ser meu melhor amigo. Desde então, meus relacionamentos têm sido bem mais pacíficos e menos parciais. Decidi não entrar em um relacionamento desequilibrado com ninguém.

Geralmente, passar muito tempo com uma pessoa ou um grupo de pessoas não é bom. Nós podemos apreciar uns aos outros melhor se tudo for equilibrado.

Provérbios 25.17 adverte: "Não sejas freqüente na.casa do teu próximo, para que não se enfade de ti e te aborreça".

Algumas vezes, aprendemos tanto sobre os outros que se torna difícil para nós amá-los. Quanto mais tempo você passar com as pessoas, mais provável é que você veja suas falhas. Quanto mais conhecemos de sua vida pessoal, mais ficamos tentados a julgar o que não é da nossa conta.

---

* *Name-droppers:* pessoas que não perdem a chance de citar o nome de alguém famoso ou que elas conhecem pessoalmente. (Nota da tradutora.)

Podemos nos resguardar de muitos problemas simplesmente nos empenhando em ter equilíbrio. É imprudente nos envolvermos nos casos de qualquer pessoa, especialmente um amigo.

Jesus tinha muitos discípulos, mas ele compenetradamente escolheu doze para uma caminhada mais próxima com ele. Daqueles doze, parece que ele tinha um relacionamento mais próximo com três: Pedro, Tiago e João. Ele os levou ao Monte da Transfiguração e lhes permitiu que fossem com Ele a outros lugares que o resto dos doze não tiveram o privilégio de ir.

Jesus amava aqueles três discípulos mais do que a todos os outros? A resposta é definitivamente não! Acredito que, como o Senhor estava consciente do destino deles, lhes permitiu um acesso mais próximo a Ele para seu treinamento e educação. É também possível que aqueles três o amassem mais do que os outros. Nós sempre reagimos mais àquelas pessoas que nos amam mais.

É possível estarmos tão avançados em nossa caminhada em amor que amamos a todos igualmente, mas sempre haverá aqueles que receberão o nosso amor e corresponderão a ele mais do que outros. Algumas pessoas não sabem como receber amor e outras apenas querem recebê-lo sem nem mesmo fazer nada para corresponder a ele.

Deveríamos ampliar nosso círculo de amor. Anseio por ver o dia em que o amor fluirá entre os crentes como um rio poderoso. Acredito que, então, o mundo se endireitará e notará que, de fato, Deus tem algo para oferecer-lhe.

Em João 13.35, vimos que Jesus disse que seríamos reconhecidos como seus discípulos pelo amor que temos uns pelos outros. Não podemos nos esquecer disso nunca. Somos seus embaixadores, seus representantes na terra. Como tais, devemos desenvolver e exercitar uma sólida caminhada em amor – com Ele, uns com os outros e com todos aqueles a quem o Senhor nos enviar. Temos de ser canais através dos quais fluam sua graça, seu favor e seu amor imutável, incondicional e imparcial.

O VENENO DO PRECONCEITO

"Destarte, não pode haver [distinção entre] judeu nem grego; nem escravo nem liberto; nem homem nem mulher; porque todos vós sois um em Cristo Jesus."

Gl 3.28

Desde o início dos tempos, Satanás tem dado vida à prática venenosa de uma raça ou grupo de pessoas serem discriminados por outros. A maioria das guerras nasce do preconceito e do ódio. O Holocausto veio do mesmo veneno; a escravidão, também. Caim odiava Abel (Gn 4.2-8) e parece que o ódio jamais parou. Odiar as pessoas é um trabalho duro e mata tudo o que há de bom. Até mesmo várias seitas religiosas têm odiado umas às outras e permitido que o espírito de orgulho encha seus corações.

Eu e você podemos não concordar com tudo o que outra pessoa acredita ou faz, mas não temos o direito de odiá-la por causa disso e certamente não deveríamos maltratá-la.

Deus odeia o pecado, mas Ele ama o pecador. O Senhor odeia a teimosia e rebeldia, mas ainda assim ama a pessoa que é teimosa e rebelde. Ele não nos disse que temos de aprovar as crenças, escolhas e ações de todos, mas nos disse para amar a todos.

Há tantas denominações e igrejas independentes que é quase inacreditável. Entretanto, há apenas uma Bíblia. É evidente que Deus tem uma coisa a dizer para todas as pessoas, um plano para nossa conduta e relacionamento com Ele. Contudo desenvolvemos muitas igrejas e grupos para satisfazer nossas próprias e diferentes maneiras de identificar o que a Bíblia diz.

Finalmente, acabei percebendo que, provavelmente, ninguém está cem por cento correto. Em todo o caso, a maioria das coisas pelas quais lutamos é insignificante.

Jesus disse aos fariseus que eles coavam mosquito e engoliam camelo (Mt 23.24). Eles tinham ficado tão exigentes sobre pequenas coisas que, de fato, eram irrelevantes, que isso os impedia de se concentrar nas coisas principais que eram verdadeiramente vitais.

Paulo lidou com as mesmas atitudes de dissensão na igreja primitiva.

CRISTO ESTÁ DIVIDIDO?

"Pois a vosso respeito, meus irmãos, fui informado, pelos da casa de Cloe, de que há contendas [e rixas e facções] entre vós. Refiro-me ao fato de cada um de vós dizer: Eu sou de Paulo, e eu, de Apolo, e eu, de Cefas [Pedro], e eu, de Cristo. Acaso, Cristo [o Messias] está dividido [em partes]? Foi Paulo crucificado em favor de vós ou fostes, porventura, batizados em nome de Paulo?" (1 Co 1.11-13).

Cristo não está dividido em partes e nem seu corpo pode ser fragmentado. Em Mateus 12.25, Ele advertiu: "Todo reino dividido contra si mesmo ficará deserto [e desolado], e toda cidade ou casa dividida contra si mesma não subsistirá [ou continuará a existir]".

Como membros da igreja, o corpo de Cristo, perderemos o poder se estivermos cheios de preconceito, ódio e desarmonia. Harmonia traz poder. Satanás sabe disso muito bem e a combate com cada grama de força que possui (Ef 6.12). Não devemos permitir que ele ganhe a guerra. Podemos derrotá-lo com amor, se fizermos qualquer coisa que contribua para que haja divisão, estaremos favorecendo Satanás.

Como podemos esperar que o mundo esteja algum dia em paz se nós, cristãos, não conseguimos ter paz? Nosso amor deve ser examinado e observado através dos olhos de Jesus e quaisquer mudanças, se necessário, devem ser feitas.

Já experimentei algumas das mais sérias rejeições de cristãos que não concordavam com certas decisões que eu sentia que Deus estava me orientando a tomar. É surpreendente como as pessoas nos rejeitam se não concordamos com elas e não seguimos os mesmos caminhos que elas tomaram. Eu acho que podemos, com toda certeza, discordar agradavelmente e até mesmo respeitar o direito uns dos outros de ter opiniões pessoais.

Não me importo se as pessoas discordam de mim, desde que o façam respeitosamente, honrando-me como pessoa. Posso nem sempre estar certa, mas tenho o direito de fazer o que verdadeiramente creio que Deus está me direcionando a fazer. Eu até mesmo tenho o direito de cometer meus próprios erros. Algumas vezes essa é a única maneira pela qual aprendemos o que é, de fato, correto.

Não devemos ser preconceituosos em relação às pessoas, porque elas não são como nós; têm a cor, a religião, o sexo ou a cultura diferentes.

DE QUE COR É O AMOR?

"Não atentes para a sua aparência, nem para a sua altura, porque o rejeitei; porque o Senhor não vê como vê o homem. O homem vê o exterior, porém o Senhor, o coração" (1 Sm 16.7).

Eu aprecio o título do livro popular de Creflo A. Dollar Jr., *A Cor do Amor*.[1] De que cor achamos que é o amor? É branco? É preto? Talvez seja vermelho, ou amarelo, ou até mesmo marrom. Nós não somos tão tolos assim. Deus é amor e Ele não tem cor nenhuma.

Quando viajo pelo mundo, sempre me surpreendo com as diferenças entre as pessoas. Cada cultura tem uma ampla variedade de aspectos que são diferentes da minha cultura. Muitas vezes, não gosto da comida em alguns lugares, mas isso não significa que a comida é ruim; apenas quer dizer que eu não gosto dela. Em alguns lugares, as pessoas são gentis; em outros, mais rudes; alguns são calorosos e amistosos; outros, frios e pouco amáveis.

Recentemente, estive em um país onde notei que, se eu sorrisse para as pessoas, suas feições continuavam duras e desconfiadas. Descobri que elas tinham estado sob o domínio soviético por cinqüenta anos e haviam sofrido grande perseguição e maus-tratos durante o governo de Stalin. O amor me levou a orar por aquelas pessoas e a continuar tentando encontrar maneiras de quebrar as paredes do ódio e da desconfiança que haviam sido construídas durante aquelas décadas de dor. Fico muito alegre porque Deus não tentou ser amistoso comigo apenas uma vez, mas continuou tentando até que encontrou um meio de me alcançar.

Há pouco tempo, li um artigo na revista *Guideposts** sobre uma mulher que era vizinha de uma senhora idosa que nunca saía de casa, nem mesmo abria as cortinas da janela para que entrasse alguma luz.[2] O marido dessa senhora havia morrido, e ela sofrera um enfarto, o que a deixou solitária e amarga.

A mulher e seus dois filhos começaram a tentar alcançar aquela idosa solitária, mas todas as vezes suas tentativas eram totalmente rejeitadas. Eles assaram biscoitos toda semana por um longo tempo e entregavam na porta da vizinha. Na primeira vez que lhe trouxeram biscoitos, ela abriu a porta só uma frestinha, aceitou os biscoitos, agradeceu e fechou a porta.

A reação desfavorável da vizinha não era a resposta que a mulher cristã estava esperando, mas a determinação para ver se o amor realmente funcionaria deu-lhe entusiasmo para continuar tentando.

---

* *Guideposts* é uma revista cristã com histórias edificantes da vida real, publicada nos Estados Unidos. (Nota da tradutora.)

Finalmente, o amor funcionou. A senhora aceitou um cozido e disse mais do que apenas um obrigada. À medida que as visitas continuaram, a velhinha começou a conversar mais.

Certo dia, os filhos da mulher cristã colheram algumas flores do jardim e entregaram à vizinha e, finalmente, se tornaram bons amigos. A senhora retomou a vida. Abriu as cortinas, a porta e o coração, e começou a viver de novo.

O PERDÃO PRODUZ UMA BÊNÇÃO DUPLA

"Em lugar da vossa vergonha [anterior], tereis dupla honra [recompensa]; em lugar da afronta [e desonra], exultareis na vossa herança; por isso, na vossa terra possuireis o dobro [do que tiverdes perdido] e tereis perpétua alegria. Porque eu, o Senhor, amo o juízo [a justiça]" (Is 61.7,8).

Você tem preconceito contra qualquer pessoa por alguma razão? Caso a resposta seja sim, esse preconceito precisa ser totalmente erradicado de sua mente e de sua atitude.

Você pode estar pensando: "Bem, Joyce, isso é fácil para você dizer. Não foi a você que magoaram".

Isso é verdade, mas tenho sido magoada em um grau muito profundo. Recebi abusos, fui abandonada, rejeitada, acusada, mentiram a meu respeito, fui mal interpretada e traída pela família e amigos. Abusaram de mim sexual, verbal, emocional e mentalmente, e deixei que Satanás enchesse meu coração de ódio por aqueles que me feriram. Mas, quando comecei a aprender sobre o amor, mudei do ódio à amargura; depois, a um leve ressentimento e, finalmente, à liberdade que vem apenas através do perdão.

Quando perdoamos uma injustiça estamos, na verdade, fazendo um favor a nós mesmos; estamos nos dando um presente de liberdade.

Deus promete trazer justiça às nossas vidas e dar-nos uma recompensa dobrada por nossa vergonha, dor e tratamento injusto anteriores. Quando tentamos fazer justiça por nós mesmos através de atos de vingança com a intenção de machucar aqueles que nos feriram, apenas atamos as mãos de Deus e impedimos que Ele trabalhe em nosso favor.

Se você foi ferido, Deus sabe tudo sobre isso e tem um plano em sua defesa. Como vimos no capítulo 7, Ele é nosso vingador (Hb 10.30). O Senhor trouxe restituição à minha vida gloriosamente e de maneiras que somente Ele poderia ter feito. Deus tomou o que Satanás pretendia que fosse para o mau e o transformou em bem. (Ver Romanos 8.28).

Contudo, a chave certa para destrancar a recompensa de Deus para mágoas passadas é fazer as coisas do jeito dele e não do nosso. Como vimos anteriormente, em sua Palavra, o Senhor nos diz diretamente como lidar com nossos inimigos: devemos amá-los, orar por eles e abençoá-los.

O amor inclui perdão, e perdão exige que abramos mão do passado. É impossível perdoar e esquecer enquanto ainda estivermos acolhendo ressentimento e hostilidade. Água doce e água amarga não podem vir da mesma fonte (Tg 3.11). Esse tipo de mistura envenena tudo.

CRISTO DERRUBOU A PAREDE DE SEPARAÇÃO

"Porque ele [próprio] é a nossa paz [nosso vínculo de unidade e harmonia], o qual de ambos [judeus e gentios] fez um [corpo]; e, tendo derribado [destruído, abolido] a parede da separação que estava no meio [de nós], a inimizade[a hostilidade]..." (Ef 2.14).

Jesus lidou com paredes divisórias em seus dias. Os judeus sentiam desprezo pelos gentios, a quem eles chamavam de cachorros.[3] Muitos homens consideravam as mulheres inferiores, e como resultado da atitude errada deles, algumas vezes as mulheres eram maltratadas.[4]

Como mulher eu poderia olhar para trás e decidir odiar todos os homens porque minhas ancestrais femininas foram tratadas injustamente. Da mesma maneira, os judeus poderiam passar a vida odiando os alemães por causa de um homem possuído pelo demônio, chamado Adolf Hitler. Os americanos poderiam odiar os japoneses porque eles bombardearam Pearl Harbor e lançaram os Estados Unidos na Segunda Guerra Mundial. Os afro-americanos poderiam gastar a vida odiando o povo branco por causa da escravidão.

Na verdade, a lista poderia ser infindável se voltássemos ao princípio dos tempos. Os problemas que temos em nossa sociedade hoje não são novos; eles são apenas complexos porque estão por aí por tanto tempo.

Nenhum de nós pode voltar atrás e desfazer o passado. Não importa o quanto o desejamos, não é possível. Não podemos nem mesmo recompensar as pessoas pelo que elas fizeram ou deixaram de fazer por nós. Apenas Deus pode fazer isso. Nossa única opção pacífica é esquecer o que jaz no passado e continuar em direção ao que está à nossa frente (Fp 3.13,14).

Eu mesma tive de parar de fazer um inventário do que havia perdido e começar a somar o que me tinha sido deixado. No começo, isso não parecia muito, mas fiz a opção de entregá-lo a Deus. É surpreendente o que Deus pode fazer com uns poucos fragmentos. Ele mais do que me recompensou pelas feridas e dores do meu passado e tem me dado uma vida maravilhosa que está produzindo frutos.

Como teria sido triste se eu tivesse desperdiçado minha vida em amargura, odiando todos os homens porque alguns deles abusaram de mim; ou odiando todos os membros da minha família porque alguns deles tinham me rejeitado; ou odiando todas as pessoas da igreja porque algumas me traíram.

A vida é muito curta para desperdiçá-la odiando.

Examine-se nessa área. Seja sincero consigo mesmo no que diz respeito a ser ou não preconceituoso. Mesmo que você encontre apenas um pouquinho de preconceito, arrependa-se dele e ore sinceramente para que seja removido do seu coração. Diga a si mesmo: "Eu não sou melhor do que ninguém; somos todos iguais aos olhos de Deus. Cada pessoa é criação de Deus, e o Senhor declarou que tudo o que fez é bom".

Lembre-se de que nosso inimigo não são as pessoas; não é a carne e o sangue, que podem nos causar alguma dor e desconforto temporário. Nosso inimigo é Satanás que está por aí para nos destruir totalmente (Ef 6.12). Nós não devemos gastar nosso tempo e energia odiando-nos uns aos outros e lutando uns contra os outros; pelo contrário, caminhemos em amor para combater nosso inimigo real. O amor é uma das mais elevadas formas de guerra espiritual que podemos travar.

O AMOR É GUERRA ESPIRITUAL

*"Porque a nossa luta não é contra o sangue e a carne [apenas contra
oponentes físicos], e sim contra [os despotismos], [contra] os
principados e potestades, contra os [espíritos] dominadores deste
mundo tenebroso, contra as forças espirituais do mal, nas regiões
celestes [sobrenaturais]."*

Ef 6.12

Quando passei a me conscientizar do fato de que eu tinha um inimigo, Satanás – que queria matar, roubar e destruir tudo de bom que Deus havia planejado para mim (Jo 10.10) – fiquei muito interessada em aprender como derrotá-lo. Ensinar sobre batalha espiritual era muito popular naquela época, e participei de várias reuniões sobre o assunto. Desejando aprender tudo o que pudesse, também ouvi fitas de palestras e li livros.

Ao longo dos meus estudos, aprendi muitos princípios bíblicos interessantes e comecei a tentar exercer minha autoridade como crente. Eu repreendia espíritos maus, expulsava-os, amarrava-os e liberava o Espírito Santo. Eu jejuava, resistia, mantinha-me firme e via algum progresso. Contudo, dizer que eu estava andando no poder que a Palavra de Deus disse que estava à minha disposição seria um exagero completo. Eu queria viver a realidade de palavras como estas, que Jesus disse aos seus discípulos:

"Eis aí vos dei autoridade [e poder] para pisardes serpentes e escorpiões [força mental e física e habilidade] sobre todo o poder do inimigo [que o inimigo possui], e nada, absolutamente, vos causará dano" (Lc 10.19).

"Dar-te-ei as chaves do reino dos céus; o que ligares [declarares como impróprio ou ilegítimo] na terra terá sido [deve ser o que já está] ligado nos céus; e o que desligares [declarares legítimo] na terra terá sido [deve ser o que já foi] desligado nos céus" (Mt 16.19).

"Estes sinais hão de acompanhar aqueles que crêem: em meu nome, expelirão demônios..." (Mc 16.17).

Finalmente, percebi que havia desenvolvido vários métodos, e estava fazendo muito barulho, mas o poder real que eu estava buscando continuava faltando.

Nessa mesma época, o Espírito Santo passou a me ensinar muitas coisas sobre o amor. Comecei a ver que muitos dos meus problemas resultaram do fato de que eu não havia desenvolvido uma séria caminhada em amor. Comecei também a ter uma revelação de que não importava quantos métodos de guerra espiritual eu conhecia. Eles seriam apenas exercícios vazios enquanto o poder real de Deus não estivesse fluindo através deles. Era como possuir uma arma, mas não ter balas; ou um arco, sem nenhuma flecha.

Eu estava tentando derrotar Satanás sem munição.

Como vimos, Gálatas nos ensina que a fé funciona e é energizada (ativada e expressa) pelo amor. Eu me considerava uma grande mulher de fé. Obviamente, porém, de acordo com essa palavra, minha fé não estava energizada nem funcionando porque eu não estava andando em amor.

Comecei a perceber que saber que Deus me amava me daria energia (me moveria) para repousar nele e colocar minha fé nele, e que aprender a andar em amor com os outros me daria o poder de que precisava para derrotar Satanás.

Certo dia, eu estava berrando com os demônios, fazendo o que acreditava ser batalha espiritual. Então, o Pai falou ao meu coração: "Joyce, por que você não olha na Bíblia e examina como Jesus travava uma batalha espiritual?" Quando fiz isso, tornou-se óbvio para mim que Satanás não tinha poder sobre Jesus. Por quê? O que Jesus fez que estava me faltando? O que Ele tinha que eu não possuía?

A BATALHA ESPIRITUAL DA PAZ

"Portanto, tomai toda a armadura de Deus, para que possais resistir no dia mau e, depois de terdes vencido tudo, permanecer inabaláveis. Estai, pois, firmes, cingindo-vos com a verdade e vestindo-vos da couraça da justiça. Calçai os pés com a preparação do evangelho da paz" (Ef 6.13-15).

À medida que continuava a estudar a Bíblia, aprendi alguns aspectos transformadores de vida. Uma das coisas que aprendi foi sobre a batalha espiritual do descanso. Jesus sempre andou em paz. Mesmo no meio das tempestades, Ele permaneceu em paz (Mc 4.35-39; Jo 6.16-20).

Em Efésios 6, que descreve a armadura de Deus, notei que o verso 15 diz: "Calçai os pés com a preparação do evangelho da paz". Isso fala do que poderia ser chamado de "sapatos da paz". Os sapatos nos ajudam a caminhar e a não ficarmos machucados. Os "sapatos da paz" foram dados a cada crente, como parte da nossa armadura espiritual, para nos ajudar a andar no Espírito e a não ficarmos machucados em nosso homem interior. Mas nem todos nós estamos usando nossa armadura. Muitos de nós a estamos carregando por aí conosco, mas não a estamos vestindo.

Efésios 6.11 diz: "Revesti-vos [vesti-vos] de toda a armadura [a armadura de um soldado pesadamente armado com os suprimentos] de Deus, para poderdes ficar firmes contra [todas] as [estratégias e] ciladas do diabo". Enquanto estudava essa passagem, percebi que estava sendo instruída a "vestir" a armadura completa de Deus para que fosse capaz de derrotar o inimigo.

Nunca aconteceu de eu entrar em meu *closet* e minhas roupas e meus sapatos pularam sobre o meu corpo. Sempre tenho de vesti-los. Então, devemos "vestir" a armadura de Deus, incluindo os "sapatos da paz". Para mim, isso significa que devemos escolher andar em amor. Não podemos esperar que a paz caia sobre nós. A decisão de ser um pacificador exige um compromisso sério e muita humildade. Eu sei porque, às vezes, simplesmente quero perder minha paciência a respeito de algo, ficar com raiva e brigar com alguém. Houve um tempo em que isso era exatamente o que eu fazia. Aprendi que isso não me faz bem. Ah, posso chegar a ponto de "uma pequena explosão", o que pode fazer com que me sinta bem por um pouco, mas é como ficar bêbado e depois ter uma ressaca. Descobri que ficar irritada sempre me deixava com "ressaca". Quase sempre eu tinha dor de cabeça, perdia minha alegria, ficava cheia de pensamentos errôneos – em geral me sentia imunda. Descobri também que, quando me permitia ficar realmente irritada, levava muito tempo para superar isso completamente – tanto mental, como emocional e fisicamente. A breve excitação carnal que eu obtinha ao fazer as coisas do meu jeito, realmente não valia a pena.

Se estivermos em paz e confiarmos em Deus, Ele derrotará nossos inimigos: "E que em nada [nem por um momento] estais [amedrontados ou] intimidados pelos adversários [e oponentes]. Pois o que é [a constância e o destemor] para eles prova [um claro sinal e selo] evidente de perdição [iminente] é, para vós outros [um claro sinal e evidência], de [libertação e] salvação, e isto da parte de Deus" (Fp 1.28). Lembre-se sempre: *Sem paz = Sem poder. Conheça a paz = Conheça o poder.*

A PRESENÇA DE DEUS OU SEUS PRESENTES?

"Tu me farás ver os caminhos da vida; na tua presença há plenitude de alegria, na tua destra, delícias perpetuamente" (Sl 16.11).

Outra coisa que aprendi enquanto estudava a Bíblia foi buscar a face de Deus e não apenas sua mão.

Buscar a Deus pelo que Ele é, não apenas pelo que pode fazer por nós é vital para nossa vitória como crentes. Se o buscarmos, sua Palavra nos promete que Ele nos protegerá: "O que habita no esconderijo [lugar secreto] do Altíssimo e descansa [permanecerá estável e firme] à sombra do Onipotente [a cujo poder nenhum inimigo pode resistir]" (Sl 91.1).

Como podemos ver na passagem seguinte, o salmista Davi tinha aprendido a mesma lição:

"Uma coisa peço ao Senhor, e a buscarei [perguntarei por ela e pedirei insistentemente]: que eu possa morar na Casa do Senhor [em sua presença] todos os dias da minha vida, para [ver e] contemplar a beleza [a doce atratividade e a graça deleitável] do Senhor e meditar [considerar e refletir] no seu templo. Pois, no dia da adversidade, ele me ocultará no seu pavilhão [abrigo]; no recôndito [no lugar secreto] do seu tabernáculo, me acolherá [esconderá]; elevar-me-á sobre uma rocha. Agora, será exaltada a minha cabeça acima dos inimigos que me cercam..." (Sl 27.4-6).

Essa foi uma lição muito séria para mim. Eu tinha de aprender a me regozijar em Deus, não no que Ele estava ou não fazendo por mim. A alegria do Senhor, não a alegria das circunstâncias, é nossa força (Ne 8.10).

Se formos inconstantes e permitirmos que as circunstâncias determinem nossa alegria, teremos pouca ou nenhuma força contra o inimigo.

Levou algum tempo para eu fazer essa transição, mas que tremenda diferença isso fez em minha vida espiritual. Anteriormente eu sempre sentia que precisava de alguma coisa, que algo estava faltando em minha caminhada com o Senhor. Encontrei isso tudo em sua presença, não em seus presentes.

O que estamos procurando não são os presentes de Deus, mas o próprio Deus. Sua presença é o que nos sustenta e nos dá vida – vida eterna e abundante.

Em João 6, os judeus tinham visto Jesus alimentar miraculosamente 5.000 pessoas com apenas cinco pães e dois peixes. Mas, no verso 30, eles pediram a Jesus mais evidências de que Ele havia realmente sido enviado por Deus. Jesus lhes disse: "Seus pais comeram maná no deserto e [apesar disso] morreram" (v. 49). Depois, no verso 51, Ele afirma: "Eu [próprio] sou o pão vivo que desceu do céu; se alguém dele comer, viverá eternamente..." Mais tarde, no mesmo capítulo, o Senhor declara: "... quem de mim se alimenta [quem quer que me tome por sua comida e se alimente] por mim [por sua vez,] viverá [através e por causa de mim]" (v. 57).

Nessa passagem, Jesus disse que ele era o pão vivo e a água viva e que qualquer pessoa que comesse e bebesse dele jamais teria fome ou sede. Obviamente, Ele estava falando da fome e da sede espirituais (o vazio que as pessoas sentem quando não passam tempo suficiente na presença de Deus e meditando na Palavra). Bens materiais não podem satisfazer uma alma faminta. Apenas Deus pode, de fato, satisfazer qualquer pessoa.

O Senhor estava fazendo uma porção de coisas por mim, e eu podia ver muitos milagres em minha vida. Apesar disso, eu continuava insatisfeita. Era hora de uma transição. Deus havia estabelecido um relacionamento comigo ao fazer coisas por mim. Agora era a minha vez de provar meu amor por Ele, procurando fazer sua vontade, não apenas buscando o que o Senhor poderia fazer por mim.

Eu era como os israelitas que haviam comido maná todos os dias. Eu estava desfrutando da provisão de Deus, mas não havia aprendido a simplesmente desfrutar da sua presença.

Um estudo completo de João 6 revela que, quando Jesus apresentou aos seus discípulos a mensagem sobre comer a sua carne e beber o seu sangue, muitos deles disseram que era agressiva e dura de suportar: "À vista disso, muitos dos seus discípulos o abandonaram [retornaram às suas antigas amizades] e já não andavam com ele" (v. 66).

Creio que muitas pessoas estariam dispostas a seguir a Jesus desde que Ele as leve aonde elas querem ir e faça por elas o que querem que seja feito. Entretanto, quando chega o momento para essa indispensável transição em seu relacionamento com o Senhor, muitas não conseguem mudar de direção. Seus desejos carnais tomam o controle, e elas apostatam.

Devemos decidir que serviremos a Deus mesmo que jamais consigamos o que queremos. Como Jó, devemos dizer: "Já não tenho esperança; contudo [ainda que me mate], defenderei o meu procedimento [eu confiarei nele]" (Jó 13.15).

Na verdade, Deus tem feito mais por mim, desde o tempo que lhe rendi totalmente minha vontade, do que Ele havia feito anteriormente. Entretanto, passei por um período de teste no qual tive de buscá-lo simplesmente por Ele e não por qualquer coisa que o Senhor poderia me dar.

O Senhor, de fato, me desafiou a só lhe pedir algo terreno quando Ele me dissesse que eu poderia fazê-lo. Cada vez que eu começava a orar por alguma coisa material era como se tivesse uma espinha de peixe em minha garganta. Aí, eu tinha de parar e mudar minha oração. Isso durou cerca de seis meses. Então, certo dia, Deus me disse para orar por algo específico que eu estivera desejando e estava quase com medo de fazê-lo.

Eu havia adquirido tal sentimento de paz e alegria por ter aprendido a desfrutar da presença do Senhor, em vez de ansiar pelos seus presentes, que não queria voltar ao lugar de onde tinha vindo espiritualmente. O Senhor me garantiu que uma obra havia sido feita em mim e que eu não voltaria aos meus antigos caminhos. Ele estava certo.

Desde então, minha vida de oração tem sido muito diferente. Não é mais cheia de pedidos. Claro que peço a Deus por coisas que desejo, mas passo muito mais tempo adorando-o e agradecendo-lhe, amando-o e adorando-o, sentada em sua presença e desfrutando dele, do que gasto fazendo pedidos pessoais. Ele conhece os desejos do meu coração e, à medida que me deleito nele, Ele os dá a mim, exatamente como prometeu em sua Palavra (Sl 37.4).

A BATALHA DA OBEDIÊNCIA

"Então, lhes falou Jesus: Em verdade, em verdade vos digo [muito solenemente] que o Filho nada pode fazer de si mesmo [por conta própria], [mas ele é capaz de fazer] senão somente aquilo que vir fazer o Pai; porque tudo o que este [o Pai] fizer, o Filho também semelhantemente [por sua vez] o faz" (Jo 5.19).

A partir dos meus estudos, entendi que Jesus tinha poder sobre Satanás porque Ele era obediente ao Pai. Na verdade, o Senhor afirmou que não fazia nada que não tivesse visto o Pai fazer primeiro (Jo 8.28,29). Nenhum de nós alcançou esse nível ainda; mas esse deveria ser o nosso objetivo.

Na igreja atual, precisamos de mais ensino sobre obediência e santidade (bondade moral).[1] Há muito ensino sobre fé, prosperidade e sucesso, os quais são todos muito importantes. Sou muito agradecida porque alguém me ensinou que eu podia prosperar. Mas Deus não dará a um grupo de bebês espirituais uma prosperidade extraordinária que serviria apenas para torná-los mais carnais.

Como Jesus nos disse, deveríamos nos concentrar em procurar a maturidade espiritual, e Deus cuidará das nossas bênçãos materiais: "Buscai, pois, em primeiro lugar, o seu reino e a sua justiça, e todas estas coisas vos serão acrescentadas" (Mt 6.33).

Durante anos, eu havia escutado apenas a metade da afirmação de Tiago 4.7: "... resisti ao diabo, e ele fugirá de vós". Citar apenas a metade de um versículo, ou lê-lo fora de contexto, pode ser muito enganoso. Esse versículo, na verdade, diz: "Sujeitai-vos, portanto, a Deus; mas resisti ao diabo, e ele fugirá de vós".

Isso me diz que, se primeiro me submeter a Deus (obedecer ao que Ele me diz para fazer), então eu serei capaz de resistir ao mal e ele fugirá de mim.

Durante o tempo em que Deus estava me ensinando o que é a verdadeira guerra espiritual, devo admitir que eu não estava tão preocupada sobre a obediência como deveria estar. Eu queria que meus problemas fossem embora. Achava que o meu problema era Satanás, e queria ter poder sobre ele. Eu não percebia que o poder sobre o mal vem apenas de um estilo de vida obediente (Mt 17.21).

Mais uma vez, fiz uma transição. Comecei a me especializar no que Deus disse que era de fato importante. Então, à medida que fazia isso, comecei a ver importantes diferenças em minha vida e nas circunstâncias. Nem todos os meus problemas se acabaram, e Satanás também não parou de me atacar, mas concentrar-me no que Deus queria que eu fizesse, em vez de em como me livrar do inimigo, fez com que meus problemas parecessem menores. Seja qual for o aspecto em que nos concentrarmos em nossa vida, é isso que nos parecerá maior. Precisamos engrandecer o Senhor (Sl 34.3,4), não o que o inimigo está fazendo.

A BATALHA DAS PALAVRAS

"Já não falarei muito convosco, porque aí vem o príncipe [gênio mau, governador] do mundo; e ele nada tem em mim [ele não tem nada em comum comigo; não há nada em mim que pertença a ele e ele não tem poder sobre mim]. Contudo [Satanás está vindo e], assim procedo para que o mundo saiba [seja convencido de] que eu amo o Pai e que faço como o Pai me ordenou [eu ajo em total concordância com suas ordens]..." (Jo 14.30,31).

Em seguida, o Espírito Santo me ensinou a importância das palavras e quão freqüentemente abrimos as portas para o inimigo com as nossas palavras.

Jesus era muito cuidadoso em relação a tudo que dizia. No Antigo Testamento, Isaías profetizou a respeito de Jesus: "Ele foi oprimido e humilhado, mas [ainda assim foi submisso e] não abriu a sua boca..." (Is 53.7). Em João 14.30, o Senhor disse aos seus discípulos que não falaria com eles muito tempo, porque havia chegado o tempo para que Ele fizesse o que o Pai lhe havia mandado fazer. Ele sabia que seria um tempo de grande pressão. Acredito que Jesus disse isso aos seus discípulos porque sabia algo que a maioria de nós precisa aprender:

Falar muito quando estamos sob pressão geralmente nos leva a dizer algo do qual nos arrependeremos mais tarde.

Jesus conhecia a importância das palavras. Ele tinha percorrido um longo caminho, e não seria agora que abriria uma porta para Satanás. Muito freqüentemente, oramos e pedimos ajuda a Deus. Contudo, quando nos sentimos pressionados, dizemos algo que nega nossa oração. Deus não pode nos ajudar se não concordarmos com sua Palavra e agirmos de acordo com ela. Devemos guardar firme a nossa confissão de fé nele (Hb 10.23).

Isso não significa que devemos nos recusar a encarar a realidade ou ignorar ou mentir sobre as circunstâncias.

Podemos compartilhar com os outros o que está acontecendo em nossas vidas; todos nós precisamos de outros para nos ajudar durante os tempos difíceis. Mas falar incessantemente sobre nossos problemas não faz nenhum bem a ninguém. Freqüentemente isso faz com que nossos problemas pareçam maiores do que realmente são e cansa nossos amigos até que eles não queiram mais passar algum tempo conosco.

Se estivermos fofocando sobre outras pessoas, dizendo coisas desagradáveis e nada amorosas sobre elas, não seremos bem-sucedidos quando tivermos um problema e tentarmos exercer fé para termos autoridade sobre Satanás. Devemos nos lembrar de que o amor cobre uma multidão de pecados; ele não expõe a falta dos outros. Fofocar, caluniar e espalhar boatos são problemas sérios para aqueles que querem exercer autoridade espiritual, da mesma maneira que se queixar, murmurar e censurar.

Precisamos usar a boca para cumprir o que Deus planejou e parar de abrir portas para Satanás com palavras erradas.

Comece a ser mais cuidadoso sobre o que diz e descobrirá que você tem mais autoridade sobre o mal.

Aprender a manter minha palavra foi outro grande avanço para mim. Integridade e honra não parecem ser importantes em nossa sociedade hoje, mas elas são muito importantes para Deus. O Senhor quer que percebamos que, da mesma maneira que esperamos que Ele cumpra suas palavras, Ele espera que cumpramos as nossas em relação a Ele e aos outros.

Em um momento de emoção, é muito fácil dizer o que faremos, mas fazer o que dissemos é o verdadeiro teste de caráter. Deveríamos ser inflexíveis sobre manter a nossa palavra. Podemos nos esquecer do que dizemos às pessoas que faríamos, mas elas – nem o Senhor – não esquecem. Ser pessoas de integridade nos dá poder sobre nossos inimigos:

"O Senhor julga os povos; julga-me, Senhor [e faze-me justiça], segundo a minha retidão e segundo a integridade [minha retidão, justiça] que há em mim. Cesse a malícia dos ímpios, mas estabelece tu o [inflexível] justo [aqueles corretos e em harmonia contigo]..." (Sl 7.8,9).

"Com isto conheço que tu te agradas de mim: em não triunfar contra mim o meu inimigo. Quanto a mim, tu me susténs na minha integridade e me pões à tua presença para sempre" (Sl 41.11,12).

Davi buscou ser um homem de integridade. Ele sabia que isso lhe daria poder com Deus, e o Senhor lhe daria poder sobre os inimigos.

O mesmo conjunto de regras se aplica a cada um de nós. Deus tem preceitos pelos quais devemos viver se pretendemos desfrutar do tipo de vida que Jesus morreu para nos dar. Multidões vivem muitíssimo abaixo do nível que o Pai celeste pretendia que vivessem, e isso não é por culpa do seu passado, das suas circunstâncias ou do mal. É porque estão fazendo as escolhas erradas.

Satanás pode ser a causa dos nossos problemas, mas ele sempre nos leva a algum tipo de desobediência ou engano que cria o problema real. Tentar livrar-se de Satanás sem livrar-se do padrão de comportamento que está causando o problema é tolice e perda de tempo.

É claro que devemos exercitar nossa autoridade como crentes. Deus criou Adão e Eva e lhes disse para sujeitar a terra e exercer domínio sobre ela (Gn 1.27,28). Era para eles governarem – não

Satanás, nem as circunstâncias, nem coisa alguma. Eles deveriam ficar sob a liderança de Deus, e governar em seu nome, fazendo a vontade dele acontecer na terra. Esse ainda é o plano de Deus para a humanidade.

Resista ao mal em nome de Jesus. Seja agressivo contra ele: "[Oponde-vos a ele]; Resisti-lhe firmes na fé [contra seu ataque – arraigados, estabelecidos, fortes, inalteráveis e determinados]..." (1 Pe 5.9). Não acredite nas mentiras malignas. Caminhe em sua própria autoridade. Mas não cometa o erro que cometi ao pensar que poderia operar nos métodos de batalha espiritual sem viver o estilo de vida que precisava para dar poder aos métodos.

A BATALHA DO AMOR

"Acima de tudo, porém, tende amor intenso [e verdadeiro] uns para com os outros, porque o amor cobre multidão de pecados [perdoa e desconsidera as ofensas dos outros]" (1 Pe 4.8).

Uma das coisas mais surpreendentes que aprendi, e que ainda faz minha alma estremecer, é que o amor é, de fato, guerra espiritual. Essa verdade torna a guerra espiritual divertida, porque amar as pessoas é muito agradável.

Aprendi que, em vez de parecer que estou "oprimida e 'pra baixo'" todo o tempo, posso na verdade parecer feliz. Tenho descoberto que posso estar no ataque, em vez de sob ataque.

1 Pedro 4.8 nos ensina a ter amor intenso uns pelos outros. A versão *King James** usa a palavra "ardente". A forma verbal da palavra grega quer dizer "ser quente, ferver".[2]

Nossa caminhada de amor precisa ser quente, em fogo, fervente, e não fria e quase despercebida.

Ouvi alguém dizer que até mesmo uma mosca é suficientemente esperta para não se queimar em um fogão quente. Se estivermos

---

* A versão *King James* é uma versão da Bíblia em língua inglesa, muito respeitada. (Nota da tradutora.)

suficientemente quentes de amor, Satanás não será capaz de nos manipular. Deveríamos dizer que estaremos "muito quentes para que ele possa nos tocar".

Você já deixou algo por muito tempo no microondas e não pôde tirar do forno porque estava muito quente? É desse jeito que quero ser. Desejo que Satanás tenha medo de me ver fora da cama pela manhã.

É assim que nosso amor deveria ser – quente, não frio.

AMOR FRIO: UM SINAL DO FIM DOS TEMPOS

"E, por se multiplicar a iniqüidade [e a impiedade], o amor se esfriará de quase todos. Aquele, porém, que perseverar até o fim, esse será salvo" (Mt 24.12,13).

O capítulo vinte e quatro de Mateus trata dos sinais do fim dos tempos. Estamos familiarizados com a maioria deles – guerras e rumores de guerras, terremotos, fome e engano por toda parte. Mas outro sinal do fim dos tempos é encontrado nesse capítulo, um que eu não havia ouvido ninguém mencionar antes. O verso 12 diz que o amor de quase todos esfriará, devido à impiedade e à maldade na terra.

Enquanto eu meditava nas Escrituras, comecei a perceber que "quase todos" é a igreja, não o mundo. Eu vi que toda pressão de mal desenfreado, circunstâncias penosas e mesmo o estresse do nosso estilo de vida no mundo moderno estava produzindo uma atmosfera tão sobrecarregada de problemas que a maioria das pessoas estava ignorando totalmente sua caminhada de amor e concentrando-se em cuidar delas mesmas e resolver os próprios problemas.

Isso é algo que Deus jamais disse para fazermos. Se nos voltamos para seus assuntos, Ele se voltará para os nossos. Devemos nos concentrar em representá-lo adequadamente, o que é impossível, a menos que estejamos andando em amor. Quando fizermos isso, Ele nos dará sabedoria para lidar com nosso estresse e nos livrará de nossos inimigos.

Deus nem sempre nos dá a habilidade para resolvermos nossos próprios problemas. Apesar disso, quando não temos poder para resolvê-los, Ele nós dá poder para resolver o de uma outra pessoa. Na minha própria vida, percebi que eu estava girando em torno de mim mesma, por assim dizer. Eu estava tentando resolver todos os meus problemas, pensando que, quando minha vida tomasse um rumo, então poderia avançar em ministrar aos outros. O fato é que eu havia invertido as coisas, e muitos outros fazem isso também.

Eu precisava lançar meus cuidados sobre o Senhor, fazer o que Ele mostrasse em relação às situações da minha vida, e não ficar emaranhada nelas. Precisava semear sementes na vida de alguém, ajudando-o, e, então, o Senhor produziria uma colheita em minha própria vida.

Devemos marchar contra Satanás com o *amor*.

Não permita que seu amor esfrie. Renove o amor em seu casamento, para com sua família e amigos. Alcance outros que estejam necessitados ou feridos. Ore pelas pessoas, abençoe-as. Atinja o ponto em que cedo de manhã seu coração esteja cheio de pensamentos sobre como você pode abençoar alguém naquele dia.

NÃO DEIXE O EGOÍSMO GANHAR A GUERRA

"Porque, embora andando [vivendo] na carne, não militamos segundo a carne [e usando meras armas humanas]. Porque as armas da nossa milícia não são carnais [armas de carne e sangue], e sim poderosas em Deus, para destruir [e subverter] fortalezas, anulando sofismas. [Visto que nós refutamos argumentos e teorias e raciocínios] e toda altivez que se levante contra o conhecimento de Deus, e levando cativo todo pensamento à obediência de Cristo [o Messias, o Ungido]" (2 Co 10.3-5).

Estamos definitivamente em uma guerra. A Bíblia nos ensina que as armas da nossa guerra não são carnais, naturais, mas armas que são poderosas através de Deus para destruir fortalezas. A fortaleza do amor frio deve ser destruída em nossas vidas.

O verso 5 da versão *King James* fala de lançar fora as imaginações e toda a altivez que se levanta contra o conhecimento de Deus. "Lançar fora" a forma errada de pensar é vital para a guerra espiritual correta. Pensamentos egoístas, egocêntricos e do tipo "E eu?" são definitivamente formas erradas de se pensar.

Gálatas 6.10 diz que deveríamos ter as nossas mentes cheias de maneiras de ajudar os outros. Lamento dizer que temos a tendência de ter nossas mentes em nós mesmos mais do que em qualquer outra coisa.

Acredito que Satanás iniciou uma batalha espiritual de alta tecnologia contra a igreja, usando o humanismo, o materialismo e o egoísmo em larga escala como seu anzol. Precisamos vencer a guerra contra essas coisas, e a única maneira de combatê-las é com uma séria caminhada em amor. Devemos nos lembrar de que a maneira como vencemos o mal é com o bem (Rm 12.21).

Tomar a decisão de nos esquecer de nós mesmos e de nossos problemas e fazer algo por outra pessoa enquanto estamos feridos é uma das mais poderosas coisas que podemos fazer para superar o mal.

Quando Jesus estava na cruz em sofrimento intenso, gastou tempo confortando o ladrão perto dele (Lc 23.39-43).

Ao ser apedrejado, Estêvão orou por aqueles que o estavam apedrejando, pedindo a Deus que não lhes imputasse aquele pecado (At 7.59,60).

Quando Paulo e Silas estavam na prisão, dedicaram tempo para ministrar ao carcereiro. Mesmo depois que Deus entrou em ação e, subitamente, sobreveio um poderoso terremoto e quebrou as cadeias e lhes abriu a porta, eles permaneceram apenas com o propósito de ministrar ao carcereiro. Como deve ter sido tentador fugir rapidamente enquanto a oportunidade estava lá, como deve ter sido tentador cuidar de si mesmos e não se preocupar com mais ninguém. Seu ato de amor levou o homem a perguntar como ele poderia ser salvo e ele e toda a sua família nasceram de novo – convidaram Jesus para entrar em seus corações (At 16.25-34).

Acredito que se nós, como igreja de Jesus Cristo, seu corpo aqui na terra, travarmos uma guerra contra o egoísmo e andarmos em amor, o mundo começará a notar. Não impressionaremos o mundo se formos exatamente como ele é. Mas quantos amigos e parentes não-salvos poderiam vir a conhecer Jesus se os amássemos genuinamente, em vez de ignorá-los, julgá-los e rejeitá-los? Acredito que é tempo de descobrir. Você não acha?

SERVIR A DEUS É SERVIR UNS AOS OUTROS

*"Tudo quanto fizerdes, fazei-o de todo o coração [com a alma],
como [alguma coisa feita] para o Senhor e não para homens.
Cientes [com toda a certeza] de que recebereis do Senhor [e não dos
homens] a recompensa [real] da herança. A Cristo [o Messias], o
Senhor, é que estais [na verdade] servindo."*

Cl 3.23,24

C erta manhã, quando me levantei e desci para fazer café, senti o Senhor cutucar o meu coração para que eu fizesse uma salada de frutas para o Dave. Nossa empregada estava de folga naquele dia, e Dave realmente gostava de salada de frutas pela manhã. Para ser sincera, eu não queria fazê-la. Eu poderia ter dado um jeito levando a Dave uma maçã e uma banana, mas eu não queria perder tempo para cortar tudo em uma tigela e servir a ele. Eu queria orar e ler a minha Bíblia!

Algumas vezes, cometo o erro de pensar que a atividade espiritual substitui a obediência e nos torna espirituais; mas não é assim.

O Senhor falou ao meu coração que servir o Dave significava, na verdade, servir a Deus. Obedientemente, fiz a salada de frutas.

Eu me pergunto quantos casamentos poderiam ter sido salvos do divórcio se os cônjuges se dispusessem a servir um ao outro em amor. Parece que todo mundo hoje quer ser livre, e Jesus, com certeza, nos libertou. Contudo, ele não nos libertou para sermos egoístas e para querermos ser servidos, mas sim para servir os outros.

LIVRES PARA SERMOS SERVOS

"Porque vós, irmãos, fostes [com certeza] chamados à liberdade; porém não useis da liberdade para dar [não permitais que vossa liberdade dê] ocasião [seja um incentivo] à carne [e uma oportunidade e desculpa para o egoísmo]; sede, antes, servos uns dos outros, pelo amor. Porque toda a lei [no que diz respeito aos relacionamentos] se cumpre em um só preceito, a saber: Amarás o teu próximo como [te amas] a ti mesmo" (Gl 5.13,14).

Eu definitivamente amo meu marido, mas o cumprimento do amor deve encontrar algum serviço através do qual fluir.

Jesus disse, em essência: "Se vocês me amam, vocês me obedecerão" (Jo 14.21). Dizer "Eu amo Jesus" e andar em desobediência é um engano. As palavras são maravilhosas, mas uma caminhada em amor total deve ser mais do que palavras.

Como posso dizer que amo meu marido se nunca quero fazer nada por ele? É muito fácil deslizar na corrente mundana de "Todo mundo espera por mim", mas eu estou determinada a nadar contra a corrente, contra o apelo da minha carne e ser uma serva e uma bênção aonde quer que eu vá.

Não devemos nos esquecer do que Jesus disse em Mateus 25.34-45:

"Então, dirá o Rei aos que estiverem à sua direita: Vinde, benditos de meu Pai [vós favorecidos de Deus e designados para a salvação eterna]! Entrai na posse [recebei como vosso] do reino que vos está preparado desde a fundação do mundo. Porque tive fome, e me destes de comer; tive sede, e me destes de [alguma coisa para] beber; era forasteiro, e me hospedastes [e vós me trouxestes juntos convosco e me deram boas vindas e me abrigaram]; estava nu, e me vestistes; enfermo, e me visitastes [com ajuda e cuidado assistencial]; preso, e fostes ver-me. Então, perguntarão os justos [e corretos]: Senhor, quando foi que te vimos com fome e te demos de comer? Ou com sede e te demos de beber? E quando te vimos forasteiro e [te demos boas vindas e] te hospedamos? Ou nu e te vestimos? quando te vimos enfermo ou preso e te fomos visitar? O Rei, respondendo, lhes dirá: Em verdade vos afirmo que, sempre que o fizestes a um destes meus pequeninos [no conceito dos homens] irmãos, a mim o fizestes. Então, o Rei dirá também aos que estiverem à sua esquerda: Apartai-vos de mim, malditos, para o fogo eterno, preparado para o diabo e seus anjos. Porque tive fome, e não me destes de comer; tive sede, e não me destes de beber; sendo forasteiro, não me [recebestes] hospedastes; estando nu, não me vestistes; achando-me enfermo e preso, não fostes ver-me [com ajuda e cuidado assistencial]. E eles [por sua vez] lhe perguntarão: Senhor, quando foi que te vimos com fome, com sede, forasteiro, nu, enfermo ou preso e não te assistimos? Então, lhes responderá: Em verdade vos digo que, sempre que o deixastes de fazer a um destes mais pequeninos [no conceito dos homens], a mim o deixastes de fazer."

Nessa passagem, Jesus torna isso suficientemente claro. Se não temos feito nada de bondoso para os outros, então não temos feito nada por Ele.

Quando servimos uns aos outros, aquele a quem realmente estamos servindo é Cristo, e deveríamos saber que nossa recompensa virá dele.

Não me lembro de ter recebido nenhuma recompensa aquela manhã por ter feito a salada de frutas para o Dave. Ele me agradeceu, mas nada de espetacular aconteceu como resultado do meu ato de bondade. Entretanto, estou certa de que Deus me recompensou naquele dia com paz e alegria e um sentimento de sua presença evidente. Também estou certa de que Ele arranjou alguém para fazer algo por mim, algo que aquela pessoa não teria feito se eu não tivesse semeado em obediência.

Perdemos muitas bênçãos das quais jamais chegamos a saber simplesmente porque deixamos de fazer pelos outros o que gostaríamos que fizessem por nós. Sempre esperamos ser abençoados de volta pelas pessoas a quem abençoamos, mas nem sempre funciona dessa maneira. Deveríamos fazer o que fazemos para o Senhor e esperar nele pela nossa recompensa. Algumas vezes, Deus irá mesmo impedir que outros façam o que gostaríamos que fizessem por nós, porque temos os olhos muito neles e não suficientemente em Deus.

Meu marido é muito bom para mim; ele faz muitas coisas amáveis para mim, e faço um esforço para ser gentil e boa para ele. Um casamento não continua bem apenas porque começou bem. Ele não continua estimulante, a menos que seja mantido assim. Toda comida é insípida sem algum tempero, e muitas pessoas têm casamentos insípidos porque deixam de acrescentar o tempero de fazer coisas amáveis um para o outro.

Se o seu casamento não é o que gostaria que fosse, você poderia literalmente transformá-lo, adotando imediatamente esse único princípio que estou compartilhando. Você pode ter estado esperando que seu cônjuge fizesse algo por você, e talvez tenha estado teimosamente se recusando a ser o primeiro a fazer um movimento. Engula seu orgulho e salve seu casamento. Comece a servir seu cônjuge e considere isso como se estivesse servindo a Cristo. Faça as coisas de que seu cônjuge gosta, vista-se para ele, considere o seu melhor, sorria, deixe de ser resmungão e queixoso. Compre pequenos presentes para seu cônjuge, deixe bilhetes de amor, divirta-se com ele. Trabalhe pelo seu casamento, porque se você não agir para fazê-lo melhor, Satanás definitivamente trabalhará para fazê-lo fracassar.

Tente a mesma coisa com seus amigos e outros membros da família. Pequenas coisas podem fazer uma grande diferença nos relacionamentos.

Muitas pessoas nunca parecem ter o casamento com o qual sempre sonharam. Isso pode ser mudado, mas exige tempo e esforço. Se você dispensar esse tempo e esse esforço, não ficará desapontado.

GRANDEZA ATRAVÉS DO SERVIÇO

"... quem quiser tornar-se grande entre vós, será esse o que vos sirva. E quem quiser ser o primeiro entre vós será servo de todos. Pois o próprio Filho do Homem não veio para ser servido, mas para servir..." (Mc 10.43,45).

O servo é quem vive para beneficiar algum outro, o que se sacrifica pela alegria e a satisfação de outro. Sacrifício é o único símbolo de *status* no reino de Deus. Jesus disse que servir torna uma pessoa grande e que ninguém pode se tornar grande sem ser um servo.

Certa vez, lancei uma poderosa série de fitas de ensino sobre ser servo, intitulada "O que Faz um Grande Homem Grande?" Fiquei desapontada ao descobrir que as vendas dela não estavam indo muito bem. Acredito que o motivo é que somos freqüentemente como crianças que não querem comer legumes. Gostamos de coisas que têm bom sabor, mas, muitas vezes, ignoramos as de que realmente precisamos para sermos saudáveis.

Em uma época da minha vida, não costumava tocar nos legumes e em outros alimentos que eram melhores para mim. Quando era criança, não me ensinaram a gostar deles, então eu ficava longe deles. Eu gostava de *pizza*, frituras, bolos e tortas, batata e carne. Conseqüentemente, fiquei acima do peso e me sentia mal.

Mais tarde, aprendi a gostar de frutas e legumes e de outros alimentos que eram melhores. Agora eu realmente suspiro por legumes. Se eu passo muito tempo sem comer porções generosas deles, realmente sinto muita falta.

Estou me tornando da mesma maneira em relação a andar em amor e servir os outros. Freqüentemente digo aos meus filhos:

"É melhor vocês ficarem perto de mim hoje, porque estou tendo um ataque de doação."

Eles sabem que isso significa que vou abençoar quem estiver no meu caminho e, se eles forem espertos, ficarão perto de mim e serão abençoados.

Muitos anos atrás, eu era muito egoísta. Sou agradecida porque Deus, em sua misericórdia, está me ajudando a ver a importância de ser reduzida ao amor. Não há nada no mundo que seja mais importante. O Senhor tem feito algo em meu coração, algo em que ele tem trabalhado por quase doze anos.

Eu me lembro de quando Ele inicialmente começou a trabalhar comigo acerca da minha caminhada em amor. Posso dizer-lhe que tem sido uma jornada longa, algumas vezes difícil, ainda que maravilhosa. Ela tem me libertado de mim mesma. Eu estava presa em meu pequeno e estreito mundo, sempre tentando cuidar de mim. Que prazer completamente impressionante é, na verdade, acordar pela manhã e encontrar Deus e os outros em minha mente primeiro. Quero obedecer a Gálatas 5.1 e me manter firme nessa liberdade pela qual Cristo me tornou livre.

Apenas porque temos uma revelação no que diz respeito a um assunto não significa que podemos apostatar dele. Por isso é que me mantenho em movimento sobre andar em amor. Gosto de pregar e ensinar sobre o assunto. Gosto de ler sobre ele, falar com os outros sobre ele e, sobre tudo o mais, colocá-lo em prática em minha vida diária.

Oro para que você também faça do amor uma parte diária da sua vida.

VOCÊ SE SENTE UM ESCRAVO?

"Se, pois, o Filho vos libertar [fizer de vós homens livres], verdadeiramente sereis livres" (Jo 8.36).

Muitas pessoas se sentem escravas em seus próprios lares, ou escravas em seu emprego. Talvez haja aqueles que estejam tirando vantagem delas, mas uma atitude mental errada também pode ser um problema.

Descobri que alguns crentes estão querendo fazer coisas para os outros na igreja e vêem isso como parte do seu ministério. Apesar disso, não querem fazer as mesmas coisas em casa para os membros da sua família sem se sentirem como escravas.

Algumas pessoas podem perfeitamente querer preparar uma salada de frutas para os líderes da sua igreja como um ministério, mas sentem que estão tirando vantagem delas se lhe pedirem para fazer a mesma coisa por um membro da família. Ou elas podem se sentir mais do que felizes por ir buscar a irmã fulana de tal e dar-lhe uma carona para a igreja, mas se sentem desconcertadas se sua própria mãe lhes pedir para levá-la ao banco.

Sei que isso é verdade porque passei por todas essas fases e aprendi tudo sobre essas coisas enquanto Deus estava trabalhando comigo a esse respeito em minha própria vida. Não consegui essa mensagem em um livro de sermões de cinco dólares. Eu as vivi e sei o que funciona e o que não funciona. O egoísmo não funciona, mas o amor, sim.

Em Marcos 5, lemos sobre um homem que estava tão possuído de demônios que Jesus expulsou dele uma legião de demônios (v. 15). Assim que foi libertado, o homem então queria seguir a Jesus onde quer que ele fosse. Ele implorou a Jesus para levá-lo com Ele, mas Jesus disse a ele: "Vai para tua casa, para os teus [família, parentes e amigos]. Anuncia-lhes tudo o que o Senhor te fez e como teve compaixão de ti" (v. 19).

Quando o Senhor faz algo maravilhoso para nós – como nos salvar ou nos curar ou nos libertar de algum tipo de escravidão – freqüentemente ficamos muito empolgados e queremos estar com Ele sempre. Queremos dedicar todo o nosso tempo em estudos da Bíblia e grupos de oração ou fazendo o trabalho da igreja. Quase sempre nos esquecemos de ir para casa e mostrar aos nossos amigos e parentes o quanto Ele fez por nós.

Deixe que as pessoas na sua esfera de influência vejam as mudanças em você. Isso fará mais para ganhá-las do que qualquer coisa que você poderia jamais dizer, especialmente se você lhes der palavras sem ação.

VOCÊ SE SENTE UM MÁRTIR?

"Rogo-vos, pois, irmãos, pelas misericórdias de Deus, que apresenteis os vossos corpos por sacrifício vivo, santo e agradável a Deus, que é o vosso culto racional" (Rm 12.1).

Um mártir é um grande e contínuo sofredor e, em alguns casos, alguém que faz com que todos saibam que ele está sofrendo.

Eu absolutamente desprezo pessoas que fazem algo por mim e, depois, por suas palavras ou atitudes, me avisam que o estão fazendo, mas elas realmente não querem fazer. Se alguém vai me abençoar, então eu quero que essa pessoa o faça com um sorriso. De acordo com Romanos 12.1, Deus está procurando por sacrifícios vivos, não mártires.

Certa vez, conheci uma mulher que se sentia como uma escrava para sua família e definitivamente tinha a atitude de uma mártir. Fiquei muito cansada de ouvi-la falar continuamente sobre o quanto ela havia feito para cada um e quão pouco eles a apreciavam. Eu poderia dizer que ela mantinha uma conta corrente do que estava fazendo por "eles" *versus* o que "eles" estavam fazendo por ela. Finalmente, ela teve êxito em estragar seu casamento e o relacionamento com a maioria dos filhos.

Mártires verdadeiros não sabem que são mártires. Eles sofrem, em seu íntimo, com alegria para fazer a vontade do Senhor. Eles o fazem sem chamar a atenção para o fato ou mesmo dar qualquer atenção a ele. São totalmente desinteressados neles mesmos e em seu sacrifício por amor aos outros. Por outro lado, mártires falsos não pensam em nada mais, exceto neles próprios e em seus "sacrifícios".

Nosso maior problema é que perguntamos com muita freqüência como nos *sentimos* a respeito das coisas.

Recentemente, alguém me perguntou o que eu achava de todas as viagens que preciso fazer, relacionadas ao nosso ministério. Naquela época, eu ficava fora de casa aproximadamente sessenta por cento do tempo. Fiquei surpresa quando tentei responder àquela pergunta. Percebi que eu não me perguntava há muito, muito tempo o quanto gostava de viajar pelo ministério; eu simplesmente tinha decidido fazer isso.

Precisamos descobrir o que Deus quer que façamos e apenas fazê-lo. Não precisamos fazer um grande alarde de todos os nossos sacrifícios.

Todos aqueles que cumprem o chamado de Deus devem se sacrificar de alguma maneira para fazê-lo e, freqüentemente, suas famílias devem se sacrificar para dar suporte ao seu chamado. Meus filhos tiveram de renunciar a ter o que o mundo chamaria de uma "mãe normal". Meu marido certamente não teve uma "esposa normal". Para dizer a verdade, muito pouco da nossa vida tem sido normal ou segue o padrão. Mas todos nós superamos os tempos difíceis e agora estamos colhendo os benefícios de não desistir quando as coisas eram difíceis.

Fui uma boa esposa e mãe, embora não normal pelos padrões do mundo. Mas a despeito do que tive de sacrificar para responder ao chamado da minha vida, nunca me senti uma mártir e você também não deveria se sentir um.

Seja um servo, não um mártir!

TORNAR-SE UM SERVO EXIGE LAVAR
OS PÉS DOS OUTROS

"Ora, antes da Festa da Páscoa, sabendo [estando consciente] Jesus que era chegada a sua hora de passar deste mundo para o Pai, tendo amado os [que eram] seus que estavam no mundo, amou-os até ao fim [e em nível máximo]. [Jesus] levantou-se da ceia, tirou a vestimenta de cima e, tomando uma toalha [de servo], cingiu-se com ela [amarrou-a em volta da cintura]. Depois, deitou água na bacia e passou a lavar os pés aos discípulos e a enxugar-lhos com a toalha [de servo] com que estava cingido" (Jo 13.1,3,4,5).

Em João 13, vemos o primeiro exemplo de servilismo, quando Jesus se despiu das roupas, tomou uma toalha de servo e começou a lavar os pés dos discípulos.

Naqueles dias, os homens usavam sandálias, e as ruas não eram pavimentadas. Para dizer a verdade, elas não eram nem mesmo cobertas com cascalho; eram literalmente velhas e sujas. Quando o dia terminava, os pés dos discípulos estavam realmente sujos, e Jesus se ofereceu para lavá-los. Ele escolheu essa atividade bastante humilde para ensinar aos discípulos uma grande lição: "Se eu não te lavar, não tens parte comigo [em mim; tu não tens parte na minha companhia]" (v. 8).

Então, nos versos 13 a 17, Ele continuou a explicar claramente o significado do que havia acabado de fazer:

"Vós me chamais o Mestre e o Senhor e dizeis bem; porque eu o sou. Ora, se eu, sendo o Senhor e o Mestre, vos lavei os pés, também vós deveis [é vosso dever, vossa obrigação] lavar os pés uns dos outros. Porque eu vos dei o exemplo, para que, como eu vos fiz [por vossa vez], façais vós também. Em verdade, em verdade vos digo que o servo não é maior do que seu senhor, nem o enviado, maior do que aquele que o enviou. Ora, se sabeis estas coisas, bem-aventurados [abençoados e felizes e invejáveis] sois se as praticardes [agirdes de acordo e realmente as fizerdes]".

O que aprendi dessa passagem é que devemos fazer coisas uns pelos outros; de outra forma, não somos realmente parte uns dos outros. As coisas que fazemos para servir uns aos outros é o que estreita nossos relacionamentos.

Meu único irmão viveu em pecado por uma boa parte da sua vida, mas em 1998 ele entregou a vida a Jesus e, por muitos meses depois disso, viveu conosco em nossa casa. Como ninguém jamais tinha feito muito por ele, não tinha idéia do que era amor real. Então tivemos de mostrar-lhe o amor de Jesus.

Nossa família faz muitas coisas boas para ele. Eu freqüentemente lhe compro roupas, porque sei que realmente gosta de se vestir bem. Ele massageia minhas costas e o pescoço quase todas as noites porque ele sabe que isso é algo de que realmente gosto. Depois de ter estado sentada ao computador por nove ou dez horas, preciso de uma boa massagem nas costas.

Meu irmão e eu somos muito próximos; na verdade, toda a minha família é muito próxima dele. Acredito que nosso relacionamento não foi sedimentado apenas pelo sangue, mas por servirmos um ao outro.

O que eu e meu irmão fazemos um pelo outro é equivalente a lavar os pés um do outro. Sendo servos um do outro, mostramos amor um pelo outro, que é o que Jesus nos disse para fazer em João 13.

VOCÊ ESTÁ LIVRE PARA SERVIR?

"Mas o maior dentre vós será vosso servo. Quem a si mesmo [com arrogância e orgulho vazio] se exaltar será humilhado [rebaixado]; e quem a si mesmo se humilhar [qualquer que tiver uma opinião modesta a respeito de si mesmo e se comportar de acordo] será exaltado" (Mt 23.11,12).

Jesus foi capaz de lavar os pés dos seus discípulos porque ele era livre. Somente uma pessoa verdadeiramente livre, e que não é insegura, pode desempenhar atividades servis e não se sentir insignificante por causa disso.

Muito do nosso mérito e valor está tão ligado ao que nós fazemos que se torna difícil para nós ter prazer em servir. Servir os outros não é considerado uma alta posição, e, apesar disso, Jesus disse que é a mais alta de todas.

Servir os outros também os torna livres para amar. Isso desarma até os mais odiosos indivíduos. Na verdade é engraçado observar a surpresa daquela pessoa quando ela percebe que está sendo servida através do amor.

Se alguém sabe perfeitamente que fez algo errado contra nós e retornamos seu mal com o bem, isso começa a derrubar as paredes que ele mesmo construiu à sua volta. Mais cedo ou mais tarde, ele começará a confiar em nós e passará a aprender conosco o que é o amor verdadeiro.

Esse é o propósito integral por trás de se ser um servo, para mostrar aos outros o amor que Deus tem nos mostrado, para que eles possam também compartilhá-lo – e então passá-lo adiante.

O AMOR LIBERTADOR

"Ora, o Senhor é o Espírito; e, onde está o
Espírito do Senhor, aí há liberdade
[emancipação da escravidão]."
2 Co 3.17

O amor oferece às pessoas raízes e asas. Ele proporciona um sentimento de pertencer (raízes) e um sentimento de liberdade (asas). O amor não procura controlar ou manipular os outros. Ele não tenta encontrar a satisfação através do destino dos outros.

Quantos pais, para satisfazer os próprios desejos frustrados, instigam os filhos a fazer coisas que estes nem mesmo querem fazer? Um homem queria ser jogador profissional de basquete, mas perdeu a oportunidade. Então, agora ele pressiona o filho para que seja o que ele próprio queria ser. Mas o filho tem menos habilidade atlética do que o pai e nenhum interesse genuíno para se distinguir em qualquer tipo de esporte.

Uma mulher quer que a filha seja popular porque ela mesma nunca foi. Ela pressiona a filha para ser líder de torcida, pertencer aos clubes sociais da escola e participar de numerosas atividades extracurriculares. Ela manipula as circunstâncias para que a filha esteja com todas as pessoas "certas". A filha pode não querer nada com isso. Ela pode ser do tipo quieto e reservado que prefere permanecer nos bastidores.

Muitas mulheres pressionam os maridos para galgar a escada do sucesso nos negócios ou fazer progresso na política. Muitos maridos pressionam as esposas para fazer algo que não as interessa nem remotamente.

Não é assim que o amor verdadeiro age. Ele não tenta ganhar satisfação pessoal à custa dos outros.

Se você e eu realmente amamos alguém, devemos aproveitar a chance de libertá-lo. Se ele realmente nos pertence, voltará para nós.

Um pássaro engaiolado não pode voar!

Liberte as pessoas em sua vida para serem tudo o que podem ser para a glória de Deus, e não sua.

PROCLAME A LIBERDADE

"O Espírito do Senhor Deus está sobre mim, porque o Senhor me ungiu [e qualificou] para pregar boas-novas [o Evangelho] aos [humildes e pobres] quebrantados, enviou-me a curar os quebrantados de coração, a proclamar libertação aos cativos [física e espiritualmente]; e a pôr em liberdade os algemados..." (Is 61.1).

Jesus disse que Ele havia sido mandado por Deus para proclamar a liberdade. Como crentes, isso é o que se espera que façamos também – libertar as pessoas para satisfazer a vontade de Deus na vida delas, não para tê-las sob nosso controle.

Paulo disse que ele estava livre do controle de qualquer pessoa, mas ele se fez a si mesmo escravo de todos por amor de Cristo (para ganhá-los para Cristo) (1 Co 9.19).

Tenho descoberto que tentar fazer com que as pessoas façam o que quero fecha a porta para Deus falar ao coração delas. O que estou querendo que elas façam pode ser algo que fariam de qualquer forma, mas todos querem fazer as próprias escolhas. Proclame a liberdade. Liberte as pessoas e veja o que elas fazem.

O PRESENTE DA LIBERDADE

"Não há muito, havíeis voltado a fazer o que é reto perante mim, apregoando liberdade cada um ao seu próximo..." (Jr 34.15).

Durante anos, tentei desesperadamente remodelar meu marido e meus filhos até que finalmente percebi que esse era um ato de egoísmo, não de amor. Disse a mim mesma que eu simplesmente queria o melhor de Deus para eles; entretanto, eu tinha decidido o que era o melhor de Deus e estava tentando forçá-los a isso. Provérbios 22.6 diz que devemos treinar nossos filhos no caminho em que devem andar e ainda quando forem velhos não se desviarão dele. Efésios 6.4 afirma que não devemos irritar e provocar nossos filhos nem exasperá-los com ressentimento, mas criá-los com ternura e em ensino, disciplina, conselho e exortação do Senhor. Passagens como essas lançam luz sobre a atitude adequada que nós, pais, deveríamos ter em relação aos nossos filhos.

Para ser sincera, não foi dessa forma que criei meus filhos. Eu queria que todos eles pregassem e os pressionei a irem naquela direção, mas não parece que isso acontecerá.

Na verdade, agora percebo que aquilo não era realmente o que iria me abençoar no fim das contas. Cada um deles preenche uma função diferente no ministério que é muito necessária a mim e eu estaria realmente perdendo algo se tivesse conseguido que as coisas fossem do meu jeito para eles. Dois deles têm dom de falar – um não quer nada com falar na frente das pessoas e um não se decidiu ainda. Deus está no controle e eu estou contente. Tentar controlar os outros é uma tarefa difícil.

Dê o presente da liberdade. As pessoas o amarão por isso. Obviamente isso não significa deixar os filhos ou empregados fazer o que quer que queiram fazer. Mas significa sim o equilíbrio entre você estar no controle e Deus estar no controle.

A tradução grega de liberdade na Bíblia é definida como "um afrouxamento, relaxamento"[1]. Assegure-se de que a atmosfera em sua casa e nos negócios é uma atmosfera tranqüila e não uma que faz as pessoas sentirem que, se não o agradarem o tempo todo, a tensão encherá o ar, e os temperamentos explodirão.

Relaxe. Afrouxe um pouco. Dê o presente da liberdade.

SUPERE O MEDO COM O AMOR

"Ninguém busque o seu próprio interesse [e vantagem], e sim [antes busque] o [bem-estar] de outrem" (1 Co 10.24).

O medo reprime a maioria de nós. Temos medo de nunca conseguir o que queremos se nós mesmos não tentarmos fazer com que aconteça. Jamais deveríamos tentar extrair a nossa identidade de outra pessoa, nem impor a nossa a ninguém.

Saiba quem você é, seja livre para atingir todo o seu potencial, mas aprenda a agir com confiança em Deus e nos outros, não com medo. Não tenha medo de que, se você não fizer com que seus sonhos se tornem realidade, você será um perdedor na vida.

Nem eu nem você deveríamos tentar controlar o destino de outro ser humano. Não é nosso direito, e Deus não o permitirá. Tente influenciar os outros de uma forma positiva. Ajude-os a ser tudo o que podem ser, mas não vá além disso nem roube a liberdade deles.

O medo é o sentimento que mais nos influencia na vida, mas isso pode ser mudado. Do que nós temos medo? De ficarmos em necessidade ou sozinhos, de sofrer dor ou perda? Nós tentamos manipular as pessoas para ter certeza de que estarão sempre conosco. Queremos mantê-las dependentes de nós, então nunca temos de depender delas.

Alguns pais tentam tanto manter os filhos debaixo de suas asas, que acabam por perdê-los.

Nossa família está junta a maior parte do tempo, mas todos temos liberdade. Somos muito envolvidos um na vida do outro, mas não tentamos controlar uns aos outros.

Seja o que for que Deus nos dê, precisamos aprender a segurar livremente em nossas mãos. Se não possuímos nada, não podemos perder nada. Somos mordomos sobre nossos filhos, não mestres e senhores. Eles, na verdade, pertencem a Deus, e Ele os dotou com o dom do livre-arbítrio. Devemos aprender a amar as pessoas – não tentar ser o dono delas ou fazê-las à nossa imagem.

Uma pessoa que tem um grande amor é a que é capaz de libertar pessoas e coisas. Ela faz isso porque ela própria foi libertada pelo amor de Deus.

Aprecio muito a liberdade que Jesus me deu; quero que cada um experimente a alegria de conhecê-la

CONCLUSÃO

*"Agora, pois, permanecem a fé, a esperança e o amor [fé – convicção
e crença respeitando a relação do homem com Deus e com as coisas
divinas; esperança – expectativa alegre e confiante da salvação
eterna; amor – afeição verdadeira por Deus e pelo homem, que
nasce do amor de Deus por nós e em nós], estes três;
porém o maior destes é o amor."*

1 Co 13.13

Como temos visto, o amor é o bem mais precioso, e andar em amor deveria ser nosso principal objetivo. *Deus é amor* e Ele quer que amemos uns aos outros (Jo 4.11,16). Somente podemos amar os outros recebendo e expressando o amor de Deus. Para fazer isso, precisamos entender que Ele nos ama, e aceitar seu amor. Quando fazemos isso, começamos uma caminhada em amor que nos leva a viver de um novo jeito – uma nova forma de pensar, de falar e de agir.

O amor pode ser expressado de muitas maneiras, mas um fator é sempre o mesmo – o amor dá. O *Dicionário Expositivo de Palavras do Velho e Novo Testamentos,* de Vine, define:

"O amor pode ser conhecido apenas a partir das ações que inspira. O amor de Deus é visto no presente do seu Filho (1 Jo 4.9, 10). Mas, obviamente, esse não é um amor de complacência, ou afeição... Foi um exercício da vontade divina em uma escolha deliberada, feita sem um motivo determinável exceto aquele que existe na natureza do próprio Deus (Dt 7.7,8).

"O amor cristão, seja ele exercido em relação aos irmãos ou aos homens em geral, não é um impulso dos sentidos, não vem com as inclinações naturais, nem se gasta apenas com aqueles com quem se descobre alguma afinidade. O amor busca o bem estar de todos (Rm 15.2) e não busca o mal de ninguém (vv. 13.8-10); o amor procura oportunidade de fazer bem a todos os homens" (Gl 6.10).[1]

Andar em amor não é um estilo de vida natural para as pessoas (especialmente quando elas estão passando por provações pessoais). Exige esforço, envolvimento e sacrifício. Mas os crentes são equipados com o poder do Espírito Santo para tornar-lhes possível caminhar sempre em amor.

Compartilhei neste livro algumas das lições que, ao longo dos anos, o Senhor me ensinou sobre amor. Mas, com certeza, não esgotei todas as formas que há de se andar em amor. Ainda tenho muito a aprender sobre isso e espero aprender tanto que um dia possa escrever uma continuação deste livro.

Vimos que amamos pelas palavras que falamos, compartilhando nossos bens materiais e até mesmo através dos nossos pensamentos.

Vimos também que o amor tem muitas facetas. O amor é paciente e longânimo. Não é invejoso nem ciumento, orgulhoso, arrogante ou rude. O amor perdoa; não se ofende com facilidade. O amor é incondicional; ele sempre acredita no melhor dos outros. É libertador porque nos libera do nosso "eu". O amor é na verdade uma forma de batalha espiritual. Jamais devemos perder nosso ardente desejo de praticá-lo todo dia, porque, ao andar em amor, nos tornamos vitoriosos na vida.

Oro para que você se torne um fanático em andar em amor e abençoar as pessoas. Provoque um esgotamento nervoso em Satanás – torne-se incontrolável em sua caminhada de amor, juntando-se a mim na oração: *"Senhor, reduze-me ao amor!"*

ORAÇÃO POR UM RELACIONAMENTO PESSOAL COM O SENHOR

D eus quer que você receba o presente gratuito da salvação. Jesus deseja salvá-lo e enchê-lo com o Espírito Santo mais do que qualquer outra coisa. Se você jamais convidou Jesus, o Príncipe da Paz, para ser seu Senhor e Salvador, eu o convido a fazê-lo agora. Faça a seguinte oração, e se você for sincero a esse respeito, experimentará uma nova vida em Cristo.

Pai,

Tu amaste tanto o mundo, que deste teu único Filho para morrer por nossos pecados para que todo aquele que nele crer não pereça, mas tenha a vida eterna.

Tua Palavra diz que somos salvos pela graça, através da fé, como um presente teu. Nada há que possamos fazer para ganhar a salvação.

Eu creio e confesso com minha boca que Jesus Cristo é teu Filho, o Salvador do mundo. Creio que ele morreu em uma cruz por mim e levou todos os meus pecados, pagando o preço por eles. Creio no meu coração que tu ressuscitaste Jesus dos mortos. Eu te peço que perdoes os meus pecados. Confesso a Jesus como meu Senhor. De acordo com a tua Palavra, estou salvo e vou passar a eternidade contigo! Obrigado, Pai. Eu te sou muito agradecido! No nome de Jesus. Amém.

Veja João 3.16; Efésios 2.8,9; Romanos 10.9,10; 1 Coríntios 15.3,4; 1 João 1.9; 4.14-16; 5.1,12,13.

NOTAS FINAIS

Introdução

1. Novo Aurélio Século XXI, Editora Nova Fronteira; "reduzir".

Capítulo 1

[1] Novo Aurélio Século XXI, Editora Nova Fronteira; "marca registrada".

[2] Novo Aurélio Século XXI, Editora Nova Fronteira; "sedento".

[3] Novo Aurélio Século XXI, Editora Nova Fronteira ;"perseguir".

[4] Novo Aurélio Século XXI, Editora Nova Fronteira; "buscar".

[5] Henry Drummond. *The Greatest Thing in the World* (London: Hodder and Stoughton, 1980), p. 42.

Capítulo 4

[1] Novo Aurélio Século XXI, Editora Nova Fronteira; "misericórdia".

Capítulo 6

[1] *American Dictionary of the English Language*, 10ª Ed. (San Francisco: Foundation for American Christian Education, 1998). Facsimile de Noah Webster's 1828 edition, permissão para reimpressão por G. & C. Merriam Company, copyright 1967 & 1995 (Renewal) por Rosalie J. Slater; s.v. "respeito".

[2] *Webster's New World TM College Dictionary*, 3.ª ed., (New York: Macmillan USA, 1999, Simon & Schuster, Inc.); "preferência".

Capítulo 7

[1] Debra Baker, "Beyond Ozzie and Harriet", *ABA Journal*, (Chicago: Copyright American Bar Association, setembro de 1998).

[2] William A. Galston, "Divorce American Style", *Public Interest*, Nº 124, junho-agosto 1996, p. 14.

Capítulo 10

[1] Creflo A. Dollar Jr., *The Color of Love: Understanding God's Answer to Racism, Separation and Division* (Tulsa: Harrison House, 1997).

[2] Shirley Terry, "Mrs Anderson's Roses," *Guideposts* (Maio, 1999), pp.10-12.

[3] *Matthew Henry's Commentary on the Whole Bible*: New Modern Edition, Electronic Database. 1991 por Hendrickson Publishers, Inc. Mateus 15.21-28, "A filha da cananéia

foi curada". Usado com permissão. Todos os direitos reservados.

4 *Encyclopaedia Judaica*, Volume 16, UR-Z, Apêndice (Jerusalém, Israel: Keterpress Enterprises, 1978), *WOMAN. Legal Status and Religious Participation*, pp. 624,625.

Capítulo 11

1 Webster's 1828 Edition; s.v. "santidade".

2 King James W.E. Vine, Vine's Complete Expository Dictionary of Old and New Testament Words (Nashville: Thomas Nelson Inc., 1984), "An Expository Dictionary of New Testament Words", p. 233; s.v. "ARDENTE, ARDENTEMENTE". C. Verb, *zeo*.

Capítulo 13

1 Vine, p. 366, s.v. "LIBERDADE", A. Substantivos, Nº 1 *anesis.*

Conclusão

1 Vine, "New Testament Words," pp 381-382; s.v. "LOVE," A. Verbos, Nº 1 *agapao.*

Este livro foi impresso na
Del Rey Indústria Gráfica
Rua Geraldo Antônio de Oliveira, 88
Inconfidentes - Contagem - MG
CEP. 32260-200 - Fone: **(31) 3369-9400**